COMO ESCOLHER
O SEU CÃO

Título original: *The Perfect Puppy*

© 1988, todos os direitos reservados

Publicado originalmente nos Estados Unidos
por W. H. Freeman and Company, New York e Oxford

Tradução de Maria Amélia Sousa Silva
Revisão de tradução de Ana Isabel Lopes
Revisão tipográfica de Artur Lopes Cardoso

Capa de Edições 70

Depósito Legal n.º 54.400/92

ISBN 972-44-0840-X

Direitos reservados para língua portuguesa
por Edições 70 - Lisboa - Portugal

EDIÇÕES 70, LDA.
Rua Luciano Cordeiro, 123 - 2.º Esq.º – 1069-157 LISBOA / Portugal
Telef.: 213 190 240
Fax: 213 190 249
E-mail: edi.70@mail.telepac.pt

Esta obra está protegida pela lei. Não pode ser reproduzida
no todo ou em parte, qualquer que seja o modo utilizado,
incluindo fotocópia e xerocópia, sem prévia autorização do Editor.
Qualquer transgressão à Lei dos Direitos do Autor será passível de
procedimento judicial.

Benjamin e Lynette Hart

COMO ESCOLHER
O SEU CÃO

Características·Treino·Criação

edições 70

A Joan e ao seu muito especial
amigo canino, *Sid*

Prefácio

Os cachorros são criaturas tão encantadoras que não podemos deixar de nos apaixonar por elas, mas, se pretende adquirir um, deve pensar bem antes de o escolher; ao fim e ao cabo, o cachorro que comprar hoje, tornar-se-á no cão que virá a ser o companheiro durante os próximos dez ou vinte anos. O objecto deste livro é ajudá-lo a si, o futuro dono, a decidir sobre a raça e o sexo mais adequados ao seu tipo de vida e ambiente. Uma decisão tomada precipitadamente e sem informação prévia, pode levá-lo a uma situação difícil mas, se escolher cuidadosamente uma raça, usando a informação contida nos perfis de comportamento, o resultado será uma longa, terna e feliz relação com o seu novo «bicho».
Para os que já têm um cão, ou que gostam de determinada raça, os perfis de comportamento podem ainda conter informações úteis. Porque queremos aumentar o vosso interesse e conhecimento sobre as características do comportamento canino apresentámos os perfis com textos e gráficos de interpretação acessíveis. Ao folheá-los verá que existem importantes diferenças de comportamento entre várias raças, e assim existem muitas hipóteses para escolher a que mais lhe convém — ou para aconselhar outras pessoas nessa escolha.
Apressemo-nos a sublinhar que a informação não representa as nossas próprias opiniões, mas é baseada em classificações feitas por veterinários e juízes de exposições caninas. Acreditamos que não há raças melhores do que outras; mais, há um enorme leque de funções, cada uma desempenhada admiravelmente, por cada raça. Quase que

existe um cão perfeito para cada situação, e este livro pode ser precioso ao ajudá-lo a escolher o melhor cão para si.

Durante anos, muitos mostraram interesse em saber como escolher um cão, e por isso escrevemos este livro. Finalmente, gostaríamos de agradecer aos entrevistadores, veterinários e juízes de exposição de cães, que pacientemente trabalharam connosco na classificação das raças.

 **1.ª Parte**

Como saber o que procurar num cão

Capítulo I

Como usar este livro para escolher o seu cão

Digamos que decidiu que quer um cachorro, mas não sabe que raça escolher. Na verdade, pode ter adorado um Golden Retriever que teve em tempos, mas a casa de uma amiga sua foi assaltada e o que ela tinha limitou-se a abanar a cauda e ficar a olhar. Um criador de cães que conhece afirma que os Caniches são a melhor de todas as raças e um vizinho jura que são os Doberman. O seu primo diz-lhe que se afaste dos Beagle — a não ser que goste de ouvir ladrar toda a noite.

Em que opinião deve confiar? Será que alguém sabe, verdadeiramente, o suficiente sobre as diversas raças de forma a poder basear a sua escolha no conselho de uma só pessoa? E como poderá avaliar todos os livros que salientam os aspectos positivos das várias raças? O problema reside no facto de ninguém ser uma autoridade sobre todas as raças. Os criadores podem ser tendenciosos, ou pelo menos fiéis, em relação às suas próprias raças. Do mesmo modo, alguns autores ao escreverem sobre certas raças podem ter as suas preferências.

Pergunta-se frequentemente aos especialistas em cães, «Qual é a melhor raça?», uma pergunta à qual é impossível responder, porque a «melhor» raça não existe. Existem diversas raças para diversos meios.

A raça ou grupo de raças que podem ser ideais para um jovem que viva sozinho, que esteja fora de casa todo o dia, é diferente da raça ideal para a família com crianças, que brincarão bastante com um cão, num grande quintal. A melhor raça para uma pessoa que vivia numa zona de criminalidade pode não ser a melhor para alguém que viva num local onde esta seja menor.

Como Escolher o Seu Cão é um contributo com base científica para a descrição das diferenças de comportamento existentes entre as raças e que lhe ensina a avaliar estes factores quando dá escolha de um cachorro. O fundamento científico e a metodologia do estudo que deram origem a este tipo de informação, foram publicados numa revista da especialidade (Hart and Miller, 1985; Hart and Hart, 1985a). A maior parte da informação que aqui se encontra acerca das diversas raças, relaciona-se com o comportamento, que é o que mais interessa aos futuros donos. Esta informação é cientificamente rigorosa, mas de leitura acessível. Normalmente, as pessoas escolhem uma raça devido ao seu tamanho, pêlo ou cor característica. Mas a razão principal que as leva a adquirem determinado cão é o seu comportamento. Se um cão quer ou não carinho ou é facilmente treinável e dócil, é geralmente mais importante do que, digamos, o seu tamanho.

Dentro de cada raça, cada cão varia muito, facto que se deve ter em atenção ao comparar raças. Esta particularidade limita a exactidão de qualquer perfil comportamental de determinada raça. Certos cães que pertencem a uma certa raça, estão nitidamente mais próximos das nossas descrições comportamentais do que outros.

Os futuros donos também devem informar-se junto de criadores, membros de clubes e treinadores, acerca do comportamento das várias raças. O conselho e comentários que a maioria de reputados criadores farão acerca da sua raça, em relação a outras, são normalmente honestos e desinteressados. Normalmente, têm esta actividade por prazer e amor aos cães, muito mais do que por dinheiro. Embora este livro forneça um critério prático para a escolha de determinada raça, não deixa de ser aconselhável a consulta de mais informação, visto que as escolhas são restritas.

Rafeiros e Raças Puras

A maior parte das pessoas que querem um cão, pensam em adquiri--lo em cachorro. Quem pode adivinhar em que se tornará um cachorro quando adulto? Em princípio, é mais fácil lidar com raças puras quando se recolhe e organiza informação acerca de várias raças. Os rafeiros são, por definição, o produto de mistura de pelo menos duas raças puras — raramente feita com intenção e, por isso, não há generalizações que se possam aplicar igualmente a todos os rafeiros. As pessoas defendem frequentemente que os rafeiros são mais calmos e não tão excitáveis como os raças puras, são melhores para as crianças, menos frágeis, etc. Na verdade, se por acaso o que procura é a calma, um cão de uma raça caracterizada por baixa excitabilidade é a aposta mais segura. Não há hipótese de as pessoas compararem um cão que conhecem agora com o que dele recordam da infância. A partir da informação contida neste livro, pode seleccionar raças com características de comportamento que se conjugam com as suas próprias preferências, tipo de vida e exigências pessoais.

Umas das conveniências em escolher uma raça pura em detrimento de um rafeiro, consiste em pré-avaliar as características do cão como adulto. Ao imaginar como uma determinada raça é no estado adulto, sabemos o que esperar quando um cachorro de determinada raça cresce. Sabemos que um cachorro Setter Irlandês será diferente de um cachorro Golden Retriever no que se refere a certas características que se podem prognosticar como a cor e o comprimento do pêlo, assim como a sua corpulência. Também é natural fazer certas previsões em relação ao comportamento, tal como a noção de que o Setter será mais vivo do que o Retriever.

Nada do que foi dito até agora significa que os rafeiros não possam fazer-se uns belos animais. Muitos tornam-se nos cães de família ideais. Encontram-se cachorros rafeiros maravilhosos em criadores ou canis das imediações. O preço de compra, quando existe, normalmente não é mais do que o custo das vacinas. Quando um rafeiro é obviamente o resultado do cruzamento de duas raças identificáveis, o que é frequente, poderá certamente vir a saber alguma coisa acerca do seu provável comportamento em adulto, consultando o perfil de comportamento das raças que lhe deram origem. Sobretudo no que se refere nos rafeiros, é importante informar-se do seu passado enquanto cachorro e do comportamento dos pais.

Que podemos encontrar num perfil de raça

Encontram-se representadas no American Kennel Club (AKC), cerca de cento e vinte raças de cães. As cinquenta e seis raças apresentadas neste livro representam apenas cerca de metade do número total das raças puras reconhecidas pelo AKC. No entanto, as que aqui são enumeradas são as mais vulgares e aquelas para as quais existe mais informação disponível. As várias raças representam uma larga classificação que inclui não só diferenças de comportamento, mas diferentes tamanhos, formas e cores.

Segundo as avaliações de noventa e seis peritos, os perfis de comportamento das cinquenta e seis raças representadas na 3.ª Parte, destinam-se às raças mais vulgares e, em geral, mais frequentemente registadas. Note-se que este sistema de avaliação poderá não funcionar para as raças menos conhecidas; a informação acerca destas poderá ser menos segura.

As opiniões dos autores não se encontram representadas no conjunto dos dados. Ao folhear a 3.ª Parte, ficará com uma ideia do significado de um perfil. Os gráficos e a análise de cada raça reúnem os dados num perfil de clara e fácil compreensão. Cada perfil informa também acerca do tamanho e aspecto da raça.

Poderá aprender bastante ao analisar apenas os perfis. Por exemplo, estudos feitos por computador indicam quais as outras raças que apresentam perfis semelhantes. Se, por exemplo, aprecia a vivacidade do Setter Irlandês, mas acha que o seu apartamento é muito pequeno para uma raça grande como esta, pode procurar em raças mais pequenas, com um perfil semelhante ao do Setter.

Em suma, com este livro, pode focar determinadas características, e seleccionar as raças que estejam mais ou menos em relação com as que considera atraentes ou inaceitáveis. Por exemplo, a 2.ª Parte mostrar-lhe-á a classificação das raças, segundo cada uma das treze características básicas de comportamento. Poderá ver imediatamente quais as raças que se encontram no limite superior, inferior ou médio das classificações para cada característica.

Uma breve panorâmica

Há, de facto, a melhor raça ou grupo de raças para a sua família e para a sua casa, mas antes de analisar esta série de raças devemos avaliar cuidadosamente qual o seu tipo de ambiente. É importante analisar o seu próprio tipo de vida e o ambiente em que o cachorro que escolher irá viver e desenvolver-se. Antigamente, as pessoas estavam demasiado interessadas no tamanho de um cão e não nas tendências comportamentais deste e no modo como estas características se conjugam com determinado tipo de vida e ambiente do dono. O Capítulo II tem por objectivo ajudá-lo a familiarizar-se com uma lista destes traços básicos de comportamento segundo o seu desejo ou prioridade. Depois, encontrará, nos últimos capítulos, informação concreta para ser utilizada depois de considerar os traços e perfis de comportamento.

No Capítulo III, aprenderá a interpretar as diferenças quando se referem às características das diferentes raças. Os machos diferem das fêmeas em dez dos treze traços de comportamento aqui analisados. Por exemplo, os machos diferem das fêmeas na sua maior tendência para tentar exercer domínio sobre os donos e no seu grau de agressão para com os outros cães.

O Capítulo IV fornece-lhe directivas para uma criação bem sucedida do cachorro que tenha adquirido. A maioria das perguntas mais frequentes encontram resposta aqui. Como evitar que a casa fique suja? Que pode fazer para se assegurar de que o seu cão não dominará a si ou a outros membros da família? Deverá castrar o cão? No caso de possuir uma cadela esterilizada, será que ela engordará e se tornará preguiçosa? Será que permitindo que ela tenha filhos antes de ser esterilizada, se tornará mais calma?

Na 2.ª Parte, há uma análise das treze características de comportamento que tem como objectivo o desenvolvimento dos perfis das várias raças apresentadas na 3.ª Parte. Esta parte contém gráficos dos treze traços, estando cada raça classificada segundo cada traço e segundo uma ordem que vai dos valores mais baixos aos mais altos. Quais as expectativas a ter de um cão que tem uma alta ou baixa classificação em cada traço de comportamento também lá serão referidas. Por exemplo, ainda que um cão tenha uma baixa classificação em treino de obediência, não quer dizer que seja impossível treiná-lo. Todos os cães são, por natureza, treináveis, mas alguns são mais, especialmente em obediência. No entanto, se o facto de ser treinável em obediência, não é aquele traço importante no cão que procura, não se aflija se concluir que determinado cão se classifica na parte mais baixa desta característica de comportamento. Os treze traços de comportamento foram escolhidos tendo em vista representarem todas as áreas importantes do comportamento canino; assim, ao fazer a sua leitura, pode colher muito da informação básica sobre comportamento canino em geral.

A 3.ª Parte deste livro é a mais importante porque descreve os perfis de comportamento de cinquenta e seis raças diferentes. Deverá consultar esta parte com atenção depois de preparar a sua pequena lista de raças de cães e depois de ter uma noção sólida dos traços que lhe interessam particularmente, como os que são analisados no Capítulo 2, e de modo mais completo, na 2.ª Parte. Ao folhear a 3.ª Parte ficará com uma ideia da quantidade de informação que lá existe.

Capítulo II

O processo de aquisição: a escolha do cão adequado ao seu ambiente

Mesmo antes de se decidir sobre determinada raça ou pequena lista de raças, ou de optar por um cão ou por uma cadela, certamente que vai começar por pensar onde encontrar o cachorro e com que idade o irá escolher. Este aspecto é importante para a maioria das pessoas e por isso vamos focá-lo em primeiro lugar.

Aquisição e socialização

Um cachorro deve ser adquirido com que idade? Segundo a opinião geral, a melhor idade situa-se entre as 6 e as 8 semanas. Um cachorro deverá contactar tanto com pessoas como com outros cães e existe um período crítico, que vai das 3 às 12 semanas, durante o qual o processo de socialização é mais fácil. As 6-8 semanas encontram-se no meio deste período. A aquisição feita muito antes das 6 semanas pode alterar a socialização do cachorro com outros cães e, depois das 8 semanas, pode interferir na sua completa socialização com as pessoas.

Durante o período de socialização, os cães aprendem a apurar as suas capacidades de interacção. Aprendem a ser submissos para com as pessoas, o que tem mesmo de ser se se destinam a ficar em casa. Também aprendem, durante este período, a mostrar-se submissos ou dominadores para com os outros cães. Eles reagem às pessoas, mais ou menos como o fazem com os outros cães. Exigem interacção social, afecto e atenção. É, portanto, perigoso para um cachorro estar isolado ou ser desprezado durante o período de socialização. Tal desprezo predispõe frequentemente o cão adulto a ser excessivamente tímido ou, por outro lado, a ser agressivo.

O que ficará a saber do provável comportamento de um cachorro, pela observação do comportamento da sua mãe, pai ou irmãos de ninhadas anteriores? Porque a mãe contribui com metade dos genes e é geralmente útil observá-la quando pretende escolher um cachorro grande parte da sua atenção deverá concentrar-se nela se as reacções da cadela para com as crianças, adultos da família e para com outros cães são ideais. Se esta age de um modo medroso ou agressivo, os donos poderão explicar esta reacção em termos do que lhe tenha acontecido, ou será que este comportamento é uma predisposição genética que ela pode transmitir aos cachorros? Tente também informar-se sobre o comportamento do pai, quer telefonando ao dono, ou ainda melhor, observando o cão directamente. Faça as mesmas perguntas que fez acerca da mãe.

Também poderá informar-se, se possível, acerca do comportamento dos cães das ninhadas anteriores, filhos dos mesmos pais ou pelo menos, da mesma mãe. Se estes demonstram o tipo de comportamento que anda precisamente à procura e o dos pais é satisfatório, encontrou o melhor quadro genético para o seu futuro cachorro.

Informe-se também da saúde dos pais e das ninhadas anteriores, para se certificar de que não têm doenças características da raça. Se se decidir mais tarde a cruzar o seu cão, esta verificação prévia dar-lhe-á uma boa probabilidade de este não ter defeitos e de, portanto, não os transmitir a futuras gerações.

A aquisição de um cão adulto

Algumas pessoas preferem adquirir um cão adulto porque os cães já crescidos não têm de passar pela fase roedora dos cachorros, ou já não precisam de ser ensinados a serem limpos. No entanto, a aquisição de um cão adulto tem os seus próprio perigos. Um cão já crescido poderá não se adptar à sua casa tão bem como um cachorro. Também, cães adultos anunciados em jornais ou em supermercados, e que se encontrem no canil local, podem ter problemas de comportamento de que só poderá vir a ter conhecimento depois de o ter em casa há já algum tempo. Pode descobrir tardiamente que o cão ladra sem parar, abre buracos no jardim ou rói a mobília. Um cão adulto com tais origens pode também esconder um comportamento agressivo que apenas será visível quando lhe forem apresentados os estímulos adequados.

Estes avisos em relação à aquisição de um cão não implicam que tal não dê, muitas vezes, resultado. Quem pense adquirir um cão adulto deverá simplesmente ter um bom conhecimento do seu comportamento. Será ideal observar o cão no seu ambiente em interacção com as pessoas da casa. Se, no seu ambiente normal, o cão corresponder à imagem que idealiza para a sua própria casa, será provavelmente uma aquisição segura.

Conseguem encontrar-se bons cães em canis. O problema é que não os pode observar nas suas casas. No entanto, pode ter a sensação de que o canil é o melhor local para adquirir um cão. Sendo assim, tenha em conta duas sugestões. Uma, é adquirir um cão de cuja origem o pessoal do canil tenha um conhecimento prévio ou a que tenham feito testes de comportamento. Alguns canis dão este tipo de informação aos futuros donos. Em alternativa, pode adquiri-lo temporariamente, fazendo que todos, na sua família e no canil, concordem com a experiência. Cerca de uma semana depois, já saberá se o animal lhe irá levantar sérios problemas. Entretanto, faça que este, no seu novo ambiente, fique sujeito a todo o tipo de estímulos, incluindo, se possível, que seja exposto ao contacto com pessoas que não sejam da casa, como carteiros ou cobradores. Leve-o a passear de automóvel ou a sítios pouco agradáveis como ao veterinário. Um aviso: cerca de um quarto a metade dos cães adultos, prontos a serem adquiridos e que estão em canis, encontram-se lá porque têm sérios problemas de comportamento (Arkow and Dow, 1984). Arrisca-se a ficar com um cão com sérios problemas, se seguir esta via.

Origens de cachorros

Não é nenhum segredo que a origem ideal de um cachorro é uma ninhada saudável, criada por uma mãe atenta, numa casa onde a boa alimentação e o bom tratamento sejam um hábito. Pode, então, dirigir a sua atenção para a raça do cachorro e para o seu sexo. Se a mãe evidenciar sinais de não ser bem tratada é porque o cachorro também não é. Por muito atraente que seja recolher um cachorro mal tratado, este tipo de animal é um risco. A má alimentação e a falta de bom tratamento podem reflectir-se, mais tarde, no seu comportamento em adulto.

Parece que as crianças têm uma especial atracção pelo animal débil da ninhada. A maioria destes animais ficam óptimos mas têm grandes possibilidades de virem a ter mais problemas emocionais do que os outros da ninhada. Há também a possibilidade de subnutrição, uma vez que têm menos capacidade de competir pela comida do que os irmãos. São também frequentemente hostilizados pelos irmãos, o que pode endurecer o seu comportamento, se tal acontecer numa fase muito precoce da sua vida.

Os problemas que se levantam quando se obtêm cães em canis, também ocorrem quando estes são adquiridos em lojas de animais. As lojas maiores podem adquirir os seus cachorros em enormes empreendimentos de criação de animais, conhecidos como «fábricas de cachorros». Cães desta origem foram normalmente criados num meio sem o adequado estímulo humano e, assim, poderão vir a ser, em adultos, excessivamente tímidos ou agressivos.

Quando a mãe desaparece ou morre enquanto amamenta, os cachorros órfãos ficam privados da importante interacção maternal. De facto, por muito carinho que lhes possamos dar, este não substitui a permanente interacção de que os cachorros desfrutariam normalmente com a sua mãe natural. E mais, a tarefa de os alimentar a biberão não é fácil, podendo assim uma ninhada ser distribuída por várias pessoas, para ser cuidada. Deste modo, a interacção dos cachorros com a ninhada é reduzida. Experiências feitas sobre a privação maternal demonstraram que tais cachorros têm tendência para serem demasiado cautelosos, medrosos ou agressivos quando adultos. É aconselhável pensar duas vezes antes de adquirir um cachorro órfão, se quiser ter a melhor hipótese de vir a dispor de um cão mais facilmente adaptável à sua família e sem grandes problemas de comportamento. Contudo, se persiste em adquirir um cachorro órfão, tente arranjar um que tenha sido amamentado por outra cadela ou que tenha sido criado com a sua ninhada, disfrutando do conforto e do calor do contacto com aquela.

Escolher e criar um cão é uma experiência pessoal e emocional, ou deveria sê-lo. No entanto, para que um cão continue a ser uma fonte de satisfação e alegria, deve ser totalmente integrado na casa e no ambiente. É importante compreender o âmbito das suas preferências, do seu tipo de vida e ambiente para escolher a raça que lhe é adequada.

Para integrar determinada raça no seu tipo de vida e ambiente, é útil servir-se dos treze traços de comportamento que se encontram nesta página. As cinquenta e seis raças contidas neste livro são classificadas com base neles. Estes são analisados em promenor na 2.ª Parte, para lhe fornecerem uma base de decisão no que respeita aos traços a focar para a selecção de uma raça. Por exemplo, pode não necessitar de um cão que defenda fisicamente a sua casa, mas talvez goste de um que ladre a um intruso. Um cão-de-guarda que ladre será, pois, a função que lhe interessa. Ou então, você ou a sua família talvez queiram um cão bastante afectivo, tendo a sua treinabilidade uma importância relativamente pequena.

Ao pensar em traços de comportamento, tenha em atenção que certos grupos de traços têm relação entre si como, por exemplo, a excitabilidade e a actividade geral. Também existe uma relação entre uma alta capacidade de defesa de território e uma tendência para exercer domínio sobre o dono.

*As treze características de comportamento
usadas na classificação de raças*

Excitabilidade
Actividade geral
Atirar-se a crianças
Ladrar excessivo
Brincadeira
Treino de obediência
Ladrar de cão de guarda
Agressão para com outros cães
Domínio sobre o dono
Defesa do território
Necessidade de afecto
Destruição
Facilidade em ser ensinado a ser limpo

O ambiente familiar: composição familiar

Provavelmente, o elemento que mais influencia a escolha de uma cão é a composição da família. O caso mais simples é o da pessoa que vive só e que trabalha fora de casa durante a maior parte do dia. Tal pessoa deseja, por certo, um cão com baixa tendência para ladrar excessivamente e para a destruição, mas com uma alta tendência para vigiar e para ser limpo e que seja moderado em necessidade de afecto. Se o cão tem ou não tendência para se atirar a crianças, pode ser de pouca importância, se nunca houver uma criança em casa.

A situação é um pouco diferente se procura um cão e vive presentemente só, mas planeia casar-se e ter uma criança nos próximos anos. O tempo normal de vida de um cão é aproximadamente de 10 a 15 anos; assim, se entretanto tiver um filho já estará provavelmente muito afeiçoado ao cão. Antes de adquirir um é altura de pensar na eventual composição familiar e no tipo de ambiente caseiro. Neste caso, quererá uma raça que tenha uma baixa tendência para se atirar a crianças e para tentar dominar o dono. Que tenha uma baixa tendência para a destruição e alta para avisar, talvez seja do maior interesse. Pode, no entanto, arriscar-se a adquirir um cão com a mais baixa tendência possível para dominar e atirar-se a crianças. Também provavelmente quererá um cão que não se encontre no grupo mais baixo em relação ao nível de actividade geral ou excitabilidade, porque os cães deste nível têm tendência para se relacionar menos com crianças.

Nas famílias com crianças, os baixos níveis na tendência para se atirar a estas e para exercer domínio sobre o dono são normalmente importantes. Contudo, podemos achar que existe um certo número de factores que não ocorrem imediatamente. Por exemplo, a maioria dos homens domina melhor um cão do que as mulheres ou as crianças. A escolha de um cão de guarda fora de série pode levar, inadvertidamente, a escolher um cão que também tenha uma grande tendência para dominar o dono. Pessoas que não sejam particularmente firmes com um cão podem sentir-se ameaçadas ou atacadas ao ponto de este criar um grande problema familiar. Antes de enfrentar a situação em que tenha de disciplinar constantemente o cão ou de insistir junto de uma pessoa da família para que seja mais firme, talvez seja melhor escolher uma raça que se encontre no nível mais baixo de domínio sobre o dono.

Um ambiente diferente é o do casal idoso que está normalmente em casa e que quer companhia dum cão, mas não está interessado num animal superactivo e para quem também não será agradável um cão demasiado excitável que ladre e corra desesperadamente sempre que alguém bata à porta ou quando o telefone toca. Este tipo de casal quer, provavelmente, um cão com um baixo nível de actividade geral e de excitabilidade, que não ladre excessivamente mas que se classifique num nível suficientemente alto na necessidade de afecto. Os avós podem muito bem querer um cão com uma tendência bastante baixa para se atirar a crianças. Para quem não esteja especialmente interessado em dominar fisicamente é aconselhável escolher uma raça classificada entre as que se encontram no nível mais baixo da tendência para dominar os donos.

O processo de integração de determinada raça num determinado tipo de vida e ambiente deverá ficar claro neste ponto: há o número suficiente de raças que lhe permitem conjugar o melhor possível os interesses e exigências de praticamente todos os tipos de famílias e ambientes. Pela mesma razão, será evidente que não existe a «melhor» raça e que para qualquer uma será possível encontrar um ambiente e um dono que se dêem bem. Assim, a melhor raça para uma família, depende da idade das pessoas que a compõem, da firmeza dos donos, da necessidade destes de que a sua casa seja ou não guardada, se estão normalmente em casa ou se se ausentam frequentemente, etc. Evidentemente que, quanto melhor analisar o seu tipo de ambiente, melhor integrará o cão certo para esse ambiente. O quadro da página seguinte dá-lhe alguns exemplos de situações familiares hipotéticas com as características que podem ser prioritárias e as suas classificações de preferência.

Dimensão da casa: um grande quintal ou um apartamento

A ideia de que um cão grande necessita de um grande quintal e de que, se vive num apartamento, o seu cão deve ser pequeno, é uma ideia demasiado simplista. O que deve ser tido em conta, mais do que o tamanho do cão, é o nível geral de actividade. Um cão que tenha um alto nível de actividade geral necessita normalmente de maior espaço para exercício do que um que tenha um baixo nível, quer seja pequeno, médio ou grande. Para um cão pequeno que seja muito activo, a casa deverá ser o dobro da que servia para um grande. É óbvio que os cães pequenos se podem mexer melhor num apartamento do que os grandes. A ideia geral de que os cães grandes necessitam de um grande quintal confirma-se geralmente mais para os que são grandes e activos como o Pêlo de Arame e o Setter Irlandês, do que para os grandes e lentos como o Sabujo ou Elkhound da Noruega.

Perfis hipotéticos de raças adequadas a diferentes casas

Pessoa só, firme e ou casal que trabalhe durante o dia

Característica	Classificação ideal
Ladrar de cão de guarda	Alta
Ladrar excessivo	Baixa
Necessidade de afecto	Média e alta
Excitabilidade	Média
Destruição	Baixa
Facilidade em ser ensinado a ser limpo	Alta

Pessoa só ou casal brando

Característica	Classificação ideal
Domínio sobre o dono	Baixa
Agressão para com outros cães	Baixa
Ladrar de cão de guarda	Média
Necessidade de afecto	Alta
Excitabilidade	Média
Treino de obediência	Alta

Casal idoso reformado que viva só

Característica	Classificação ideal
Excitabilidade	Baixa
Actividade geral	Baixa
Ladrar de cão de guarda	Média
Domínio sobre o dono	Baixa
Ladrar excessivo	Baixa
Necessidade de afecto	Alta

Família com crianças em casa

Característica	Classificação ideal
Atirar-se a crianças	Baixa
Domínio sobre o dono	Baixa
Excitabilidade	Média
Actividade geral	Média
Brincadeira	Alta
Necessidade de afecto	Alta

De grande importância para aqueles que querem um cão num apartamento são os traços como a tendência para ladrar excessivamente, (o que perturba os vizinhos), a quantidade de pêlo que larga, o que destrói enquanto está sozinho e o cheiro. Alguns cães, como por exemplo, os Beagles e os Retrievers do Ladrador, largam um cheiro mais forte do que os Keenhonds e os Caniches. O Doberman Pinscher tem o pêlo curto de fácil limpeza, larga pouco cheiro e tem um baixo nível de actividade geral, podendo ser assim o animal ideal para quem queira o seu apartamento guardado. No entanto, o Doberman é também um cão que se domina com menos facilidade do que outros cães capazes de viverem em apartamentos, o que pode ser um motivo de preocupação para aqueles donos que não sejam particularmente firmes.

Exigência de cuidados

O lobo, o antepassado do cão, obviamente que tinha de tratar de si e do seu corpo. Através dos séculos, ao cruzar cães, para obter determinado tipo de pêlo, criámos raças que, para gozarem de melhor saúde e aspecto, dependem do cuidado humano. Um Caniche fica muito bem sem nenhuma tosquia especial — e, de facto, muitos donos de Caniches preferem-nos assim — mas estamos habituados a vê-los tosquiados de uma certa maneira. Conservar a aparência habitual do Caniche significa que o cão visite periodicamente o seu tosquiador ou que o seu dono invista nessa tarefa um tempo significativo. As raças de pêlo comprido exigem naturalmente mais cuidados e mais banhos do que as de pêlo curto. Algumas raças exigem provavelmente que seja gasto mais tempo e dinheiro com o cuidado do pêlo do que com qualquer outro aspecto do seu tratamento. Na descrição dos perfis de comportamento que se encontram na 3.ª Parte, enumeramos as raças que exigem um cuidado particular com o pêlo.

Tamanho

A primeira coisa em que a maioria das pessoas provavelmente pensa ao escolher um cão, é no seu tamanho. As que querem um cão como sendo uma extensão de si próprias poderão achar que um cão grande significa um carácter mais firme. Para algumas, um cão grande é um coisa que apetece mais agarrar, mas para outras, é preferível um cãozinho que possa mais facilmente dormir aos pés da cama sem ocupar mais do que um espaço razoável.

Não é nada censurável ter em conta o tamanho do cão quando se pretende escolher uma raça, mas é importante não aceitar algumas características de comportamento que sejam incompatíveis com o tipo de vida e ambiente do dono. Por exemplo, a maioria dos cães pequenos pertence ao grupo Terrier, classificando-se quase todos a um nível de grande excitabilidade e actividade geral. Também têm tendência para serem muito agressivos. Se quer um cão pouco excitável e pouco activo, digamos que, se escolher um Terrier porque é pequeno, poderá ser um erro. É normal que os cães maiores tenham uma alta classificação em termos de agressividade para com os outros cães e no domínio sobre os donos. Se está fascinado pelas raças grandes, mas quer um cão que pertença a uma das raças mais fáceis de dominar, pode ter de pôr em questão o tamanho. O tamanho do cão certamente fará parte da sua decisão, mas as suas necessidades devem ser prioritárias no que respeita às características de comportamento das raças. Então, depois de ter elaborado uma lista das possíveis raças, olhe para o tamanho do cão e para o cuidado que o pêlo deste necessita.

Se o tamanho do cão é, provavelmente, a primeira característica que as pessoas têm em atenção quando escolhem um, a segunda é sem dúvida o sexo, que discutiremos no Capítulo 3.

Capítulo III

Diferenças entre machos e fêmeas

Para muitas pessoas, a aquisição de um cão ou de uma cadela é tão confusa e importante como a escolha de uma raça. Felizmente que o sexo de um cão parece influenciar o seu comportamento em certos aspectos previsíveis. Ao dar importância ao sexo de um cão assim como à raça a que pertence, pode eliminar muitas das conjecturas acerca do comportamento de um cachorro quando for adulto.

O principal ponto de que se deve lembrar ao olhar para as comparações macho-fêmea é que estes possuem as mesmas características de comportamento que compõem os perfis das raças, sendo fácil observar a interacção entre as influências sexuais e os perfis. Por exemplo, a escolha de uma fêmea não garantirá que o animal tenha uma baixa tendência para o dominar, se a raça a que pertence tem normalmente um alto valor neste traço. Ao escolher uma fêmea apenas reduz a tendência deste comportamento um pouco para baixo da classificação global da raça. Do mesmo modo, ao escolher uma fêmea dentro de uma raça já com um baixo valor na escala do domínio, este já pouco impacte terá no comportamento.

O gráfico da página seguinte ajudá-lo-á a formar uma ideia acerca das diferenças entre machos e fêmeas. Para tirar o máximo proveito deste gráfico e de outras informação dada, reveja os dados que vêm a seguir, e anote as sugestões sobre o uso do gráfico, para que possa escolher um cão o mais adequado possível à sua casa e ao seu tipo de vida.

Padrões de comportamentos sexualmente dimórficos

Quando os traços anatómicos, fisiológicos ou de comportamento diferem entre os sexos, diz-se que são sexualmente dimórficos. Os cães não são sexualmente muito dimórficos no tamanho ou na configuração, ainda que os machos pesem normalmente um pouco mais do que as fêmeas. O sexo de um cão só se conhece quando se observam os seus órgãos sexuais.

A maioria dos animais, incluindo os cães, são, no entanto, sexualmente dimórficos em relação ao comportamento. Os cães têm tendência para serem mais agressivos do que as cadelas, especialmente para com os outros machos. Sem dúvida que o comportamento sexual é diferente para cada sexo, actuando cada um tipicamente. A forma de levantar a perna para urinar é mais aparatosa nos cães, assim como as manchas de urina são mais acentuadas nos cães do que nas cadelas. Os machos também se montam muito mais em cima de outros cães — e das pessoas, se lhes é permitido — do que as fêmeas. Estas características dos cães são os chamados acentuados padrões de comportamento sexualmente dimórfico. Numa tentativa de reduzir tal comportamento quando este se torna inconveniente, os cães são muitas vezes castrados (ver Capítulo 4).

A escolha entre um cão ou ou uma cadela pode basear-se nestas diferenças acentuadas. Se, por exemplo, já tem um macho e quer outro cão poderá esperar que eles se dêem melhor se escolher uma cadela. Se já tem uma cadela, tanto lhe pode juntar outra cadela como um cão e esperar que haja menos luta do que se juntasse dois machos. E se não se quiser preocupar com um cão que lhe estrague a sua bem cuidada relva com manchas de urina, deverá pensar seriamente em escolher um macho, porque este normalmente levanta mais a perna contra as árvores ou sebes do que uma fêmea que, por certo, urinará em charcos, criando assim marcas de relva morta. Finalmente, se já teve problemas com um macho que repetidamente tentava montar as crianças ou até objectos da casa, poderá talvez escolher uma cadela, para reduzir ainda mais as hipóteses deste problema.

Características que os informadores classificam:

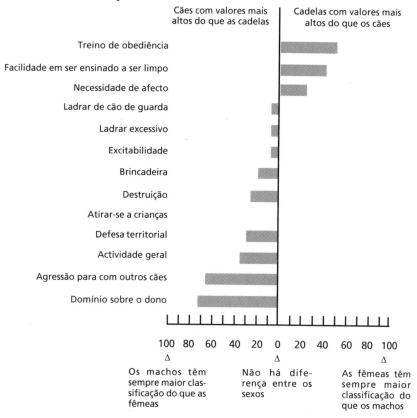

Algumas das características sexualmente dimórficas não são tão flagrantes para o observador causal do comportamento canino. Qual a influência do sexo nas características de comportamento contidas nos perfis das raças? As diferenças sexuais que se encontram nestas características são normalmente mais subtis do que a maneira de urinar ou o comportamento sexual, mas parecem ser suficientemente importantes para serem tidas em consideração quando se procura um cachorro ideal.

Ao entrevistar os veterinários e os juízes de concursos escolhidos, pedimos a estes especialistas que nos dissessem qual achavam que teria mais classificação em cada característica, se o macho ou a fêmea, ou se parecia não haver qualquer diferença entre os sexos. De acordo com as respostas dos entrevistados, consoante o animal é macho ou fêmea, assim parece afectar todas as características enumeradas nos perfis das raças, com excepção para as três tendências referentes à excitabilidade, ladrar excessivo e ladrar do cão-de-guarda. Para estes três traços, a diferença entre machos e fêmeas é tão pequena que foi considerada insignificante e facilmente dependente do acaso.

Onde uma diferença entre os sexos, sobre determinada característica, é indicada por uma barra que se estende para a esquerda ou para a direita, um número significativo dos entrevistados classificaram os machos ou as fêmeas num grau mais alto do que o sexo oposto. Quanto mais longa é a barra, mais eles concordavam que um sexo excedia o outro. E quanto mais estavam de acordo, provavelmente mais pronunciado é o real dimorfismo do traço. Por exemplo, se tivéssemos pedido aos inquiridos para classificarem machos e fêmeas segundo a posição de levantar a perna para urinar, eles estariam provavelmente de acordo que esta posição era definitivamente uma posição do macho e, assim, a barra estaria muito perto dos cem. Em comparação, no gráfico da página anterior, a caraterística com maior extensão — domínio sobre o dono — marcava apenas 70. Surpreendentemente, pelo menos para nós, não havia traços sobre os quais os homens inquiridos diferissem das mulheres inquiridas.

Para si, a importância do dimorfismo sexual nas características de comportamento depende do perfil de comportamento da raça que esteja a analisar e do que considerar uma configuração ideal das caraterísticas de comportamento. Se a raça em questão tem um alto valor em destruição, por exemplo, ao escolher uma fêmea poderá reduzir o impacte desta característica de comportamento; contudo, se a raça tem um baixo valor neste traço a escolha de um macho ou de uma fêmea não terá provavelmente impacte sobre a destruição e, assim, a escolha do sexo basear-se-á, neste caso, em outros traços. A tendência para exercer domínio sobre o dono deverá merecer uma séria atenção, no caso de a raça ter neste ponto uma alta classificação, mas se se sente atraído por ela, por outras razões, ao escolher uma fêmea desta raça melhoraria consideravelmente a sua relação com o animal. No entanto, em raças com uma baixa tendência para dominar, o sexo tem, provavelmente, pouca ou nenhuma influência. Ainda mais, pode obter uma melhor defesa territorial em raças com uma baixa tendência para dominar, se escolher um macho.

Recomendamos que escolha primeiro uma raça que se aproxime do perfil de que gosta, depois escolha uma macho ou uma fêmea para realçar ou atenuar certos traços. A escolha do sexo poderá alterar o perfil da raça num sentido mais favorável para o seu tipo de vida ou para a sua casa.

A questão relacionada com os efeitos da castração sobre os vários perfis, especialmente naquelas características relativas ao macho e que têm uma alta classificação, é tratada no capítulo seguinte. Primeiro, deverá escolher-se um animal, com base no perfil da raça a que pertence, depois, tendo em vista a influência do sexo no comportamento, e só então pensar na castração como um meio para aperfeiçoar o comportamento do macho, caso seja necessário.

Capítulo IV

Criar um cão

Até esta altura do livro poderá parecer que seleccionar a raça mais adequada deverá ser a sua única preocupação, o que não é certamente o caso. Não só existem consideráveis diferenças entre cães pertencentes à mesma raça, como muitos factores influenciam o comportamento de um cão, desde as suas primeiras experiências até ao meio em que viverá quando adulto. Existem seis factores importantes que influenciam o comportamento de um cão:

1 — A raça a que pertence.
2 — Ser macho ou fêmea.
3 — A sua própria relação genética com a raça, adquirida através dos pais.
4 — A origem do cachorro e a sua experiência resultante da interacção com a mãe, com a ninhada e com quem cuida deles.
5 — Se é esterilizada ou castrado.
6 — O seu treino e ambiente enquanto cachorro e adulto.

Neste capítulo trataremos dos dois últimos assuntos que são importantes para criar um cachorro uma vez que já o tenha escolhido.

Esterilizar ou castrar?

A maior parte dos traços de comportamento que achámos que diferiam de raça para raça também diferem entre machos e fêmeas, como sugerimos no Capítulo 3. A castração de um macho significa influenciar de certo modo traços específicos de comportamento. As mudanças que a seguir enumeramos são as que observará especialmente a seguir a uma castração:

— Menos agressão para com os outros cães.
— Menor tendência para dominar o dono.
— Menos manchas de urina na casa.
— Menor predisposição para montar outros cães ou pessoas.
— Menor tendência para fugir de casa durante longos períodos.

A nossa melhor estimativa de probabilidades de alteração destes padrões de comportamento através da castração situa-se em cerca de 50% (Hart and Hart, 1985 b). Isto é, um cão castrado tem cerca de metade das probabilidades de incorrer nos comportamentos inconvenientes enumerados do que um cão não castrado. Se um cão é castrado já em adulto, depois de ter surgido um problema de comportamento, poderá esperar que, em cerca de metade, a castração tenha um efeito rápido sobre o declínio do problema e que sobre a outra metade o efeito seja mais gradual (Hopkins, Schubert and Hart, 1976).

A partir da informação de que dispomos, parece que o facto de os cães serem castrados antes ou depois da puberdade não tem um grande impacte na eficiência da castração no que respeita à alteração do seu comportamento. É animador saber que, se não quiser castrar o seu cão antes de verificar a ocorrência de determinado padrão de comportamento, as hipóteses da operação ser eficaz são tão grandes como se já tivesse castrado o animal antes do problema surgir. Contrariamente às expectativas de muitas pessoas, encontrámos em estudos clínicos que nem o modo em como o cão incorre num comportamento inconveniente, nem a idade da castração influenciam a hipótese de este vir a ser alterado (Hopkins, Schubert and Hart, 1976).

Há um certo número de padrões de comportamento que não podemos esperar que sejam alterados pela castração. Não se espera que esta acalme mais o cão, o torne menos destruidor ou melhor para com as crianças ou que diminua o excesso de actividade.

Que alterações se podem esperar da esterilização (ovariohisterectomia) das cadelas? A maior parte dos donos esterilizam as suas cadelas para impedirem que estas atinjam o período de ovulação (cio), os dois períodos anuais depois de atingida a puberdade. As cadelas, durante o cio, excitam-se mais, uivam com mais frequência e ficam frequentemente nervosas. A urina e as secreções vaginais das fêmeas que se aproximam do cio têm algumas vezes atraentes chamados feromonas sexuais que são, sem dúvida, sentidos pelos machos da vizinhança. Contam-se histórias de cães que são atraídos a quilómetros de distância por uma cadela com o cio, mas estes atraentes não são provavelmente tão potentes como se imagina e podem ser simplesmente percebidos por um macho que passe pelo território da fêmea.

Se uma cadela é esterilizada, durante ou depois de um período de cio praticamente nunca mais virá a mostrar interesse sexual. Nisto, as fêmeas diferem consideravelmente dos machos, que poderão continuar a demonstrar algum interesse durante vários períodos depois da remoção das suas gónadas. Parece que existe uma noção geral de que o comportamento das cadelas se poderá desenvolver de maneira diferente se forem esterilizadas antes do cio, em vez de o serem depois, ou se o são antes de terem uma ninhada em vez de o serem depois. No entanto, nada indica que o facto de permitir que estas tenham um ou mais ciclos venha a alterar o seu comportamento. O mesmo se pode dizer em relação às alterações deste, que se poderão vir a verificar numa fêmea depois da experiência da gravidez e do aleitamento dos cachorros (Hart and Hart, 1985 b).

Será que os cães castrados e as cadelas esterilizadas se tornam gordos e preguiçosos? Existem algumas provas de que as cadelas podem ganhar 5 a 10 por cento do seu peso em relação às não esterilizadas, como resultado directo da perda das secreções hormonais do ovário. Esta não é uma diferença profunda e poderá quase afirmar-se que o peso que os cães e as cadelas ganham, apesar da sua condição hormonal, se deve, em grande parte, à quantidade de comida que ingerem relacionada com o exercício que fazem.

Ensinar um cão a ser limpo

Muitos mal-entendidos surgem com o ensino da limpeza. Quando ensinamos um cão a ser limpo não estamos realmente a ensinar-lhe hábitos eliminativos, mas simplesmente a confiar no natural padrão eliminativo do cão de manter o seu abrigo limpo. A maioria dos animais domésticos, incluindo os gatos, cavalos e porcos, eliminam em zonas escolhidas fora dos seus ninhos ou das zonas onde vivem. Os cães são normalmente cuidadosos em manterem as suas casas limpas, um hábito que vem do lobo.

Uma grande parte dos cães são provavelmente limpos, mais por si próprios do que pelas tentativas dos donos em ensiná-los. O problema é que ensinar a ser limpo é uma área clássica em que as pessoas tendem a ser antropomórficas. O antropomorfismo é a tendência para acreditar que os padrões mentais ou de comportamento de um cão são iguais aos nossos. Quando ocorrem acidentes neste sentido, presumimos que o cão sabe que foi mau e, então, punimo-lo como faríamos a uma criança, achando que ele compreende a razão pela qual foi punido. Não há nenhum preocesso para explicar a um cão que eliminou no quarto porque é que foi punido. Algumas das punições comuns, como esfregar o focinho do animal no sítio sujo ou apontar para a porcaria e admoestar verbalmente o cão, sem dúvida que retardam muito mais o processo de treino em limpeza do que o favorecem.

O truque consiste simplesmente em tirar proveito das tendências inatas do cão para manter o seu abrigo limpo e ajudá-lo a generalizar que toda a casa é o seu abrigo. Esta questão, a propósito, é aquela em que as cadelas têm tendência para ultrapassar os cães mal a compreendem, como vimos no gráfico do Capítulo 3. Do ponto de vista de um cachorro, deve ser difícil perceber que toda a casa é o seu abrigo. Se ele explorar a casa, poderá considerar que a sala de estar e a casa de jantar serão zonas em que logicamente poderá eliminar.

Ensinar um cão a ser limpo deverá começar por restringir o cão a uma pequena divisão ou parte desta. Há pessoas que acham que as cancelas extensíveis usadas para limitar os movimentos das crianças pequenas também funcionam com os cães. A estas pode adaptar-se cartão, se necessário, para evitar que o cachorro passe através dos buracos. O cachorro deverá sair desta prisão ou área restrita o maior número de vezes possível, especialmente quando tem tendência para eliminar frequentemente, como quando acordar ou depois de comer. Se este processo fôr seguido à risca, o cachorro não eliminará, seguramente, onde não deve e terá tendência para reter a sua urina e fezes até ter oportunidade de o fazer lá fora. Infelizmente, a adesão a este horário regular significa ter de se levantar durante a noite. Depois de o cachorro se ter habituado a manter limpa a pequena prisão, poderá ser autorizado a ter alguma liberdade dentro de casa debaixo da vigilância do dono.

Se o cachorro não pode ser levado lá fora frequentemente, durante as primeiras fases do treino, ensine-o primeiro a eliminar em cima de jornais colocados no seu compartimento — mas em lugar oposto ao local onde come e dorme. Quando o cachorro se habituou a eliminar nos jornais, ser-lhe-á admitido mais espaço dentro de casa, desde que continue a ir aos jornais e a usá-los. O cachorro poderá ter mais acesso a outras partes da casa, aproximadamente dentro de 2 semanas. Os jornais devem estar em determinado local. Quando são mudados, coloque os papéis do fundo da pilha suja em cima dos novos para fornecer uma orientação olfactiva ao cachorro a fim de que este utilize esta zona para eliminar. Quando se torna possível levar o cão à rua regularmente, leve-o quanto ele estiver muito aflito. O uso dos jornais pode parar.

O castigo tem feito parte tradicional do ensino dos cachorros para serem asseados, mas pouco facilita o processo. Se o cachorro sujou repetidamente uma determinada zona, tal como um determinado ponto da carpete, poderá ser útil usar uma espécie de condicionamento de aversão a este local, retendo o cão durante várias horas neste local para que ele crie aversão à zona suja.

Treino: uso de recompensas e de castigos

Há um ponto básico de que deve lembrar-se quando ensina o seu cachorro, ou cão já adulto: um cão só aprende coisas novas ou muda de comportamento se o comportamento indesejável for punido, ou recompensado, no caso de ser desejável. Podemos recompensar um cão por este realizar certas tarefas sob ordem — tais como sentar-se, deitar-se ou regressar — com um simples afago, afecto e aplauso. Também se pode usar este tipo de recompensas quando ele vem quando é chamado, por se sentar em vez de saltar para cima de pessoas estranhas quando estas aparecem à porta, ou por ir para a cama quando há visitas. Podem reforçar-se as recompensas com um afago ou palavras animadoras como «lindo cão». Outra recompensa é obsequiá-lo com comida, se dada criteriosamente, especialmente comida de que o animal goste de verdade como, por exemplo, um bocado de carne ou queijo. Não somos da opinião que o uso de recompensas em comida para educar os cães os «estrague» com mimos, porque a recompensa pode ser doseada, dando-lhe frequentemente cada vez menos quantidade e não esquecendo o aplauso e o afecto. A maioria dos cães aprende rapidamente e com bastante entusiasmo se houver recompensas e, em muitos casos, raramente é necessário castigar. O aplauso, o afecto e a recompensa em comida podem ser usados para educar os cachorros, especialmente se são levados à rua e eliminam na zona adequada.

O castigo tanto pode ser interactivo como à distância. Naquele em que há interacção, bate-se no animal com a mão ou com um jornal enrolado, grita-se com ele, atira-se-lhe qualquer coisa ou faz-se ver de outro modo que se está a emitir um estímulo de antipatia para o animal. O cão associa claramente o estímulo desagradável à pessoa que o emite. Infelizmente, os donos estão muitas vezes mal informados acerca do modo de usar o castigo interactivo.

O castigo interactivo é indicado quandos os donos têm necessidade de afirmar o seu domínio sobre os cães para manter uma aceitável relação de domínio-submissão, especialmente quando se sentem ameaçados. A um cão que lhe rosne ou tente morder, quando tal não é um reflexo de medo, é conveniente demonstrar força. Os cães são animais sociais que respondem naturalmente a factores de domínio hierárquico, e o facto de lhe rosnarem ou tentarem morder é um indicativo de que não aceitaram completamente a sua posição de domínio. De facto, o domínio insuficiente — um dos problemas de comportamento mais comuns na relação cão-dono — é muitas vezes proveniente de uma falta de firmeza por parte do dono. Como vimos, as raças diferem no grau de manifestação da tendência para dominar os donos. A tendência também varia consoante estivermos a lidar com machos ou fêmeas. Assim, uma raça como a do Cão Pastor de Shetland, que tem uma fraca tendência para dominar, nunca necessitará de ser confrontada com o castigo interactivo, ao passo que um Doberman Pinscher ou um Akita poderão precisar de reforço periódico da posição de domínio, traduzida por uma voz severa ou por uma correcção com a coleira de aperto.

Além de ser usado para enfrentar a agressão, o castigo interactivo só é normalmente eficaz para actos de mau comportamento em que o cão não colabora quando o dono está presente. É inútil dar o castigo interactivo horas ou até mesmo minutos depois do mau comportamento. Há apenas uma hipótese mínima de que o cão relacione o castigo com o acto, e o castigo dado inconsequentemente tem pouco efeito sobre o comportamento.

O tipo de castigo mais eficaz para actos de mau comportamento é o castigo à distância. Um exemplo é a coleira de choque, controlada à distância, contendo um condensador a pilhas que dá um choque eléctrico através de eléctrodos montados na coleira do cão. Quando a coleira de choque é usada adequadamente, o estímulo gerador de aversão vem associado ao acto de mau comportamento e não à pessoa que acciona o choque. As coleiras de choque provaram ser eficazes no controlo de uma série de problemas de comportamento dos cães que os podem pôr em perigo, como a perseguição a carros e a bicicletas e fuga quando são chamados. A principal desvantagem da coleira de choque é que, durante o treino, deve ser usada periodicamente uma que não dê choque para que o seu cão não associe este à coleira. Um outro inconveniente é o seu custo. Também exigem alguma prática e familiarização antes de serem usadas eficazmente.

Um outro tipo de castigo à distância é o uso de um esguicho de água para cães pequenos ou de uma mangueira de jardim, para os maiores. O segredo de um uso bem sucedido dos esguichos é o facto de estes serem vistos pelo cão quando está a ser castigado. O objectivo é fazer que o cão sinta que o seu mau comportamento ou o objecto deste é que o está a castigar. O castigo à distância deve ser dado imediatamente a seguir ao mau comportamento e, assim, quando se encontra presente para o poder castigar, poderá ser muito útil. É também importante que, dentro do possível, todo o acto de mau comportamento seja punido, uma vez que decidiu iniciar um programa de castigos.

Finalmente, acreditamos convictamente na escolas de treino. Nada pode substituir a interacção social dos cães e donos, o apoio que se recebe de terceiros e do instrutor, assim como a subtil pressão que sentirá ao adoptar um programa de treino com o objectivo de participar nas sessões deste. Alguns donos adoram ir além do treino básico e competir em exposição, não só a nível local como a nível regional. O mais importante é ter prazer em possuir o seu cão, ter o seu comportamento adaptado ao seu tipo de vida e fazer tudo o que seja possível para que ele tenha uma vida feliz ao seu lado. Pensando cuidadosamente na escolha da raça, do sexo e nos cuidados que ele exige, certamente que encontrará não só um cão para a sua casa mas também um animal agradável e gratificante.

2.ª Parte

Classificação de raças segundo treze características básicas

As primeiras perguntas que os futuros donos fazem frequentemente são acerca de qual será o melhor cão para as crianças, quais são as raças mais calmas, quais as raças a evitar porque são difíceis de ensinar a serem limpas e quais os melhores cães de guarda.

Os gráficos deste capítulo permitem-lhe seleccionar o comportamento de maior importância para si e verificar como cinquenta e seis raças comuns se classificam segundo cada uma das treze características básicas de comportamento. Antes de analisar o texto e os gráficos, leia o modo como estes estão feitos, os cuidados a ter para os interpretar e as sugestões sobre o seu uso.

Como encontrar a informação de que necessita sobre o comportamento

As descrições vagas como: «de boa índole», «de confiança», «não é conflituoso», «nobre» e «estupendo companheiro» que se encontram na maior parte dos livros sobre raças de cães, não são muito úteis quando necessita de informações específicas, como a tendência de um cão para se «meter» com outros cães ou para se atirar às crianças quando provocado.

Pelo contrário, as treze características de comportamento que aqui se usam para classificar raças são claras, concisas e não ambíguas. Cada característica refere-se a um comportamento básico que pode ser ilustrado por uma situação específica. Os especialistas consultados foram quarenta e oito veterinários e quarenta e oito diferentes juízes em treino de obediência, divididos igualmente entre homens e mulheres e pelo ocidente, centro e oeste dos Estados Unidos. Pedimos para classificarem sete raças de cães segundo as treze características e, em seguida, um programa de computador reuniu as classificações individuais para cada um dos treze traços num gráfico classificando todas as cinquenta e seis raças. A descrição de cada traço inclui o texto de pergunta usada para alcançar as calssificações. Por conveniência, em cada gráfico, as cinquenta e seis raças estão divididas em decilos que vão de 1 a 10, do mais baixo ao mais alto, para cada comportamento. Cada decilo compreende cinco ou seis raças.

Lembre-se de que os gráficos que irá consultar fazem mais a comparação entre raças do que um traçado absoluto para cada comportamento. Por exemplo, até mesmo os Bassets que se encontram numa das mais baixas posições em relação à facilidade em serem ensinados a serem limpos, podem ser bastante asseados nos hábitos caseiros. O registo 1 não significa necessariamente uma ausência de hábitos de limpeza inatos, nem o número 10 indica que sejam infalíveis neste comportamento e que os Doberman Pinschers, por exemplo, são uma melhor aposta do que outras raças, se estiver realmente preocupado com a limpeza dos tapetes.

É bom lembrar que esta relatividade se aplica a todas as características e raças. Todos os cães são naturalmente cães de guarda, são basicamente treináveis, reagem ao afecto, são excitáveis, brincalhões etc. — mas em vários graus.

Como avaliar as classificações dos gráficos

É óbvio que há muito pouca, ou nenhuma diferença, no comportamento de duas raças que se encontram ao lado uma da outra nos gráficos, digamos, na posição 35 a 36. Deverá ter-se em atenção que duas raças separadas até cinco posições podem não ser significativamente diferentes. Como seria de prever, o número de posições que separam as raças no conjunto das classificações para que sejam consideradas definitivamente diferentes dependem de quanto melhor a característica faz a descriminação entre as raças, o que varia de uma característica para outra. Um intervalo de dois ou três decilos, ou da posição 10 à 15, é um guia prático para considerar as diferenças.

Se quer saber quais os traços de comportamento que são melhores nas diferenças previsíveis entre raças e quais são as mais seguras, o quadro que se segue enumera os treze traços básicos em relação com os valores previsíveis, classificando-os como altos, moderados ou baixos. Sugerimos que os traços com valores previsíveis altos ou moderados sejam usados quando começar a procurar uma raça e que as características com valores baixos sejam usadas numa segunda escolha, excluindo especialmente raças que tenham traços extremos. Por exemplo, os gráficos sobre excitabilidade e facilidade de ensino para serem limpos, são os dois úteis, mas será melhor sucedido se seleccionar as raças na base da excitabilidade do que na facilidade em serem limpas. O treino e o meio ambiente têm mais efeito em traços que distinguem uma raça da outra no mínimo, tal como a facilidade em ser limpo, e menos naqueles que distinguem uma raça da outra no máximo, como a excitabilidade.

Nem todos os que entrevistámos concordaram com a colocação de todas as raças na escala classificativa. Em alguns casos, os homens diferiram das mulheres ou os veterinários viram as coisas de maneira diferente da dos juízes de treino. Os casos em que os subgrupos diferiram acentuadamente encontram-se mencionados na descrição do traço de comportamento em questão. Mesmo quando um grande número de especialistas são entrevistados sob uma forma objectiva de investigação, as opiniões de um grupo podem ser diferentes das do outro. Os diferentes meios em que homens, mulheres ou veterinários e peritos se relacionam com cães podem dar-lhe noções diferentes sobre as várias raças.

Treze características básicas segundo ordem decrescente de valores previsíveis:

Característica	*Valor previsível*
Excitabilidade	Alto
Actividade geral	Alto
Atirar-se a crianças	Moderado
Ladrar excessivo	Moderado

Característica	Valor previsível
Brincadeira	Moderado
Treino de obediência	Moderado
Cão de guarda que ladra	Moderado
Agressão para com os outros cães	Moderado
Domínio sobre o dono	Moderado
Defesa territorial	Moderado
Necessidade de afecto	Baixo
Destruição	Baixo
Facilidade em ser ensinado a ser limpo	Baixo

Como usar os gráficos

Ao usar os gráficos como a sua primeira tentativa para seleccionar a raça mais adequada, há uma sequência lógica a seguir. Primeiro, escolha uma certa característica de comportamento com sendo a que considera prioritária. Fixe uma com um valor previsível alto ou moderado. Faça uma pequena lista de cerca de dez raças que se encontrem mais próximas da sua classificação preferida, que poderá ser alta, baixa ou média. Poderá, então, querer excluir algumas raças, devido ao tamanho, custo ou que estejam mesmo associadas ao seu passado de forma desagradável. Agora, volte à característica que seja, para si, a segunda mais importante e veja quantas raças da sua curta lista se encontram num conjunto aceitável. Se não há nenhuma, terá de alargar a pequena lista do primeiro gráfico. Retenha o valor previsível dos gráficos como foi explicado. Use os traços com valores previsíveis baixos para excluir os extremos. Analise outros gráficos para tornar a sua lista mais pequena. Assim, para não eliminar toda a lista, use um grau de aceitabilidade cada vez mais largo quando olhar para qualquer outro gráfico. Por exemplo, quando chegar ao quarto gráfico estará provavelmente a procurar raças na parte superior, inferior ou média. Finalmente, analise os peris da 3.ª Parte, escolhendo cada uma das raças em que está interessado.

Eis um exemplo de como uma pesquisa pode resultar. Digamos que a tendência para se atirar às crianças é de primordial interesse e decide que a raça que irá escolher deverá situar-se entre os dois decilos mais baixos desta característica. No entanto, se também está interessado em ter um bom cão de guarda, poderá decidir-se por escolher uma raça situada nos seis decilos superiores deste traço. Seleccionará, então, o Collie, o Pastor Australiano e o Spaniel Saltador Inglês. Se a sua terceira consideração tem em vista uma classificação em treino, todas estas três raças se situam no primeiro ou segundo decilo superior, com o Pastor Australiano no topo. Identificou então três raças que explorará melhor olhando para cada um dos seus perfis, examinando o tamanho, cuidados com o pêlo, custo, problemas médicos, etc.

É importante voltar a sublinhar que discutimos na 1.ª Parte o facto de haver diferenças de comportamento de cão para cão dentro de determinada raça. Estas diferenças são o resulado de cada linha de parentesco, do comportamento da mãe e do pai e do ambiente do criador ao moldar as primeiras experiência do cachorro. As diferenças indivi-duais são tão importantes como as diferenças entre raças. E ainda, o conjunto ambiental em que se coloca um cão também afectará o seu comportamento. Se vive só e está sempre em casa, o comportamento do seu cão pode tornar-se mais brando do que o de outros da mesma raça. O saldo desta secção forma a base para a sua escolha de um cão que seja o mais adequado ao seu ambiente.

Ao longo deste livro usámos termos como: excitabilidade, ladrar excessivo, cão de guarda que ladra e treino, que são sem dúvida indicativos de predisposições mais gerais de comportamento. Com o método estatístico chamado análise de factores descritivos algures (Hart and Hart, 1985 a) fomos capazes de atribuir traços a uma predisposição geral que representa um elemento comum subjacente. Daí que, a excitabilidade, actividade geral, ladrar excessivo, a tendência para se atirar a crianças e a necessidade de afecto possam ser relacionadas com o elemento subjacente chamado reactividade. Igualmente, guardar, ladrar, agressividade para com os outros cães e a tendência para exercer domínio sobre o dono estão relacionados com um elemento subjacente chamado agressão. Treinar e ensinar a ser limpo são atribuídos a um elemento a que chamamos treinabilidade. E tendência para a brincadeira e para a destruição estão incluídas num elemento chamado investigação. Os gráficos dos perfis de raça da 3.ª Parte incluem estas designações assim como as dos traços específicos.

Excitabilidade

Valor previsível — Alto

A excitabilidade significa o modo como um cão mantém a sua vivacidade ou como responde a um estímulo como o toque da campainha da porta, o aspirador quando é ligado ou o bater da porta de um carro a uma certa distância do local onde se encontra. Quando imaginamos um cão calmo, estamos normalmente a referir-nos ao seu nível de excitabilidade, assim como ao seu nível de actividade geral que será analisada a seguir. A pergunta específica que fizemos aos nossos entrevistados em relação à excitabilidade, foi exposta deste modo: «Um cão pode ser normalmente bastante calmo mas pode tornar-se bastante excitável quando posto em movimento por coisas como o toque da campainha da porta ou por um movimento do dono em direcção à porta. Esta característica pode ser muito incomodativa para algumas pessoas. Classifiquem estas raças do mínimo ao máximo da excitabilidade».

Os futuros donos irão diferir em relação ao nível de excitabilidade desejável num cão. Quase todas as pessoas querem um baixo nível no ladrar excessivo, e muitos de nós quereríamos um alto nível de aptidão para o treino, mas a excitabilidade é um traço que se relaciona claramente com a casa e tipo de vida de cada um.

As raças pequenas, especialmente os Terriers encontram-se no grau máximo deste traço. O Sabujo, o Basset e o Terra Nova têm um nível muito baixo. Porque não é fácil encontrar um cão pequeno que não tenha uma classificação muito alta nesta característica, quem tenha um cão excitável pode simplesmente tolerá-lo como sendo o preço de ter um cão pequeno. Sem dúvida que ter um cão a mexer-se constantemente à volta da casa é muito menos incomodativo se ele for muito pequeno.

A excitabilidade, simultaneamente com o ladrar do cão de guarda e o ladrar excessivo, é um traço que os nossos especialistas classificaram como não diferindo totalmente entre os sexos. Assim, não pode esperar que tenha influência neste traço a escolha do sexo oposto.

O valor previsível da excitabilidade é o mais alto de todos os treze traços básicos de comportamento. Isto significa que será melhor sucedido na previsão do comportamento de um cão se partir da sua classificação neste traço em vez de qualquer outro que tenha uma previsibilidade média ou baixa e assim, este é um bom traço para começar a diminuir a sua lista de raças possíveis.

Um traço que algumas vezes se relaciona com a excitabilidade desagradável é o ladrar excessivo. Um cão excitável é uma coisa; um cão que ladra sempre que está excitado é outro assunto. Se se preocupa com um cão demasiado excitável, mas prefere que este seja de uma das raças mais pequenas, procure um que também não tenha um alto nível de ladrar excessivo.

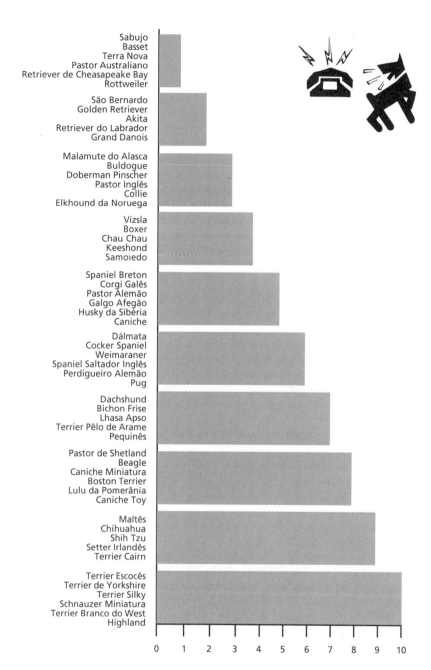

Actividade geral

Valor previsível — Alto

A actividade geral refere-se à tendência que um cão tem para correr ou para se mexer sem ser estimulado para tal, quando a excitabilidade se relaciona com a sua tendência para ser activado por um estímulo. Um cão muito inactivo pode ser para muitas pessoas, especialmente para as crianças, um companheiro demasiado mole.

Esta característica, como a excitabilidade, é uma daquelas em que os futuros donos irão diferir quanto ao seu nível desejável. A actividade também se relaciona com a casa e o tipo de vida de cada dono. Alguns preferirão um alto ou baixo nível, mas a maioria ficará feliz com um nível moderado. Porque o valor previsível deste traço é alto, será melhor sucedido ao prever o comportamento de um cão se usar este traço, do que se usar os que têm valores de previsão mais baixos.

As raças pequenas — especialmente os Terriers — têm uma alta actividade e algumas das raças maiores — incluindo o Basset, o Sabujo, o Buldogue e o Terra Nova — têm uma baixa actividade. Na generalidade, as pessoas que querem um cão calmo, que durma bastante e que não se intrometa demasiado no seu espaço pessoal, preferirão cães que tenham uma baixa classificação neste traço. A pergunta sobre actividade geral que fizemos aos especialistas foi a seguinte: «Alguns cães têm uma tendência para só se deitarem por todo o lado durante o dia e outros são absolutamente o oposto — sempre no auge, continuamente activos. Assim, um cão extremamente activo que 'zumbe' muito à nossa volta, há-de pôr algumas pessoas nervosas. Poderão classificar estes cães entre o mínimo e o máximo da actividade?».

Normalmente, as classificações em actividade geral e excitabilidade para uma determinada raça são muitos próximas. Onde diferem, pode ser importante para alguns dos futuros donos. Por exemplo, uma baixa excitabilidade, mas uma actividade geral acima da média é característica do perfil do Pastor Australiano. Este cão guardador de gado foi selectivamente cruzado para ter um nível suficientemente alto de actividade geral e energia para guardar o gado durante longos períodos sem ser alertado por estímulos periféricos. O Pastor de Shetland é um tipo semelhante.

Os nossos inquiridos classificaram os machos significativamente mais alto em actividade geral. Deste modo, se o perfil de uma raça é atraente mas parece ter um valor alto neste traço, ponha a hipótese de escolher uma fêmea.

No caso de estar particularmente interessado no Pastor Inglês, deverá ter conhecimento de que os veterinários classificaram esta raça com um valor significativamente mais alto (35) do que os juízes de obediência (5) que acharam que a raça era muito mais calma. Esta raça teve uma classificação total de 15 em actividade geral.

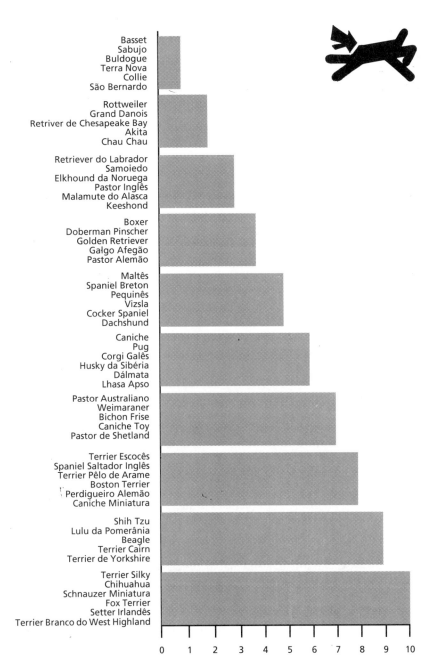

Atirar-se às crianças

Valor previsível — Moderado

Atirar-se é normalmente considerado como um sinal que os cães usam para afastar outros cães ou pessoas, sem lhes morder ou causar grande dano. Considerado frequentemente como uma expressão de irritabilidade, atirar-se também é uma forma de comunicação que as cadelas usam para impedir que os seus cachorros sejam incomodados.

É natural supor que os cães se atiram como uma forma de comunicação com as pessoas. Normalmente, não se atiram aos adultos a que estão sujeitos e, se se atiram, são apenas as mãos que correm perigo. Com crianças, no entanto, pode ser perigoso uma vez que a cara da criança está muitas vezes ao nível da cabeça do cão.

Séculos de selecção de raças atenuaram este traço natural canino, ao ponto de os cães de algumas raças serem agora quase que incapazes de se atirarem, por mais incomodados que estejam. Ainda que dificilmente tentemos ensinar as crianças pequenas a não abusarem de um cão ou a não o molestarem ao ponto de o irritarem, não podemos confiar que uma criança siga sempre os conselhos dados. As famílias que tenham uma criança pequena sujeita ao risco, e mantenham o desejo de ter um cão, são por isso aconselhadas a escolher uma raça com uma baixa classificação na tendência para se atirar.

Considerando a tendência de um cão para se atirar a crianças, perguntámos aos nossos especialistas: «Esta pergunta relaciona-se com a tolerância de um cão que seja atiçado, arrepelado e mexido por crianças nem sempre tão carinhosamente quanto gostaríamos. Imaginem os futuros donos que querem ter a certeza de que o seu cão, quando for adulto, não se atirará às crianças. Para este tipo de pessoas, poderão classificar estas raças do mínimo ao máximo da tendência para se atirarem às crianças?».

Atirar-se é uma característica que difere predominantemente dos machos para as fêmeas, pelo menos em menor grau. De acordo com os nossos especialistas, os machos estão, em geral, um pouco mais predispostos a atirar-se do que as fêmeas.

O cachorro ideal para a família ou para as crianças terá necessariamente de se classificar a um baixo nível, nesta tendência. Contudo, outras caraterísticas, como altos níveis em necessidade de afecto, tendência para brincar e aptidão para ser treinado assim como uma baixa tendência para dominar, certamente que favorecem o perfil de um cão ideal para a família. Atirar-se é uma componente de toda a reactividade explicada no início desta secção, e os cães com uma baixa tendência para se atirarem terão tendência para baixos níveis em outros traços associados à reactividade.

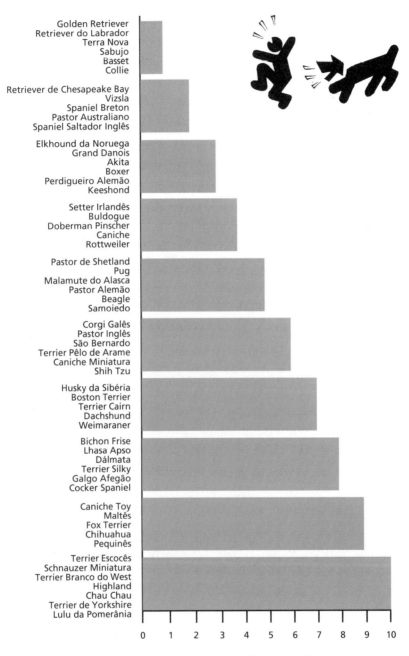

55

Ladrar excessivo

Valor previsível — Moderado

O ladrar excessivo é um aspecto importante do comportamento do ponto de vista da responsabilidade inerente à posse de um cão, assim como para o seu próprio prazer com o animal. Muitas pessoas, cujos cães ladram excessivamente, parece que só se incomodam ligeiramente com o barulho, mas os vizinhos quase podem ficar doidos. Algumas comunidades têm disposições que exigem o controlo dos donos sobre o ladrar excessivo, no caso de haver queixas. Sabe-se que existem juízes de municípios que exigiram aos donos que usassem nos seus cães coleiras electrónicas contra o ladrar ou até mesmo que os silenciassem por meio de uma cirurgia. (O ladrar de um cão de guarda que avisa quando da chegada de um estranho, é apresentado mais tarde nesta secção como um traço à parte).

Os cães ladram por várias razões, e o ladrar excessivo é fácil de reduzir pelo treino. É um tipo de mau comportamento que um cão pratica quase sem dar por isso — alguns ficam exaustos de tanto ladrar. O ladrar excessivo, especialmente quando acontece na sua ausência, é muito difícil de punir. Os cães também ladram quando estão na rua, se aprendem que é o suficiente para que alguém os deixe entrar.

Ao classificar o ladrar excessivo, perguntámos aos nossos especialistas: «As pessoas ficam frequentemente aborrecidas com os cães que ladram por tudo e por nada, a qualquer hora do dia ou da noite. Sem dúvida que sabemos que os cães grandes ladram mais alto e mais fortemente do que os pequenos — no entanto, tirando isto, poderão classificar estes cães do mínimo ao máximo de tendência para ladrar excessivamente?»

Como é de esperar, o ladrar excessivo está relacionado com a reactividade no seu total, que inclui excitabilidade, actividade geral, rosnar às crianças e necessidades de afecto. Raças como os Terriers, têm tendência para serem as mais barulhentas. Pode quase sempre contar que uma raça com uma baixa reactividade seja calma, mas existem exepções. O cão que mais ladra, o Beagle, tem apenas uma reactividade média; no entanto, a tendência para ladrar do Beagle foi geneticamente aperfeiçoada por cruzamentos selectivos para o fazerem ladrar bastante, enquanto anda à caça de raposas, para que os caçadores saibam em que direcção devem ir. Os nossos especialistas diferiram dos juízes de treino ao conferirem um ladrar excessivo ao Perdigueiro Alemão, enquanto os segundos o consideraram relativamente calmo (posição 4), mas os veterinários consideraram-no das raças mais barulhentas (43). A raça teve, na totalidade, uma classificação média.

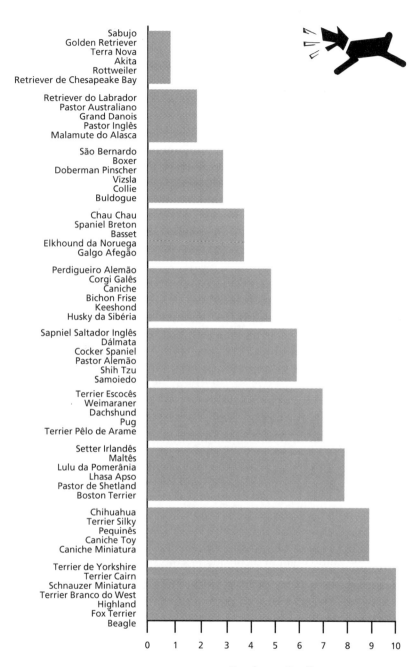

Escala em Decilos

Brincadeira
Valor previsível — Moderado

Um cão brincalhão é mesmo o que alguns adultos, não falando nas crianças, precisam. A brincadeira é um dos traços que contribui para o sucesso de um cão como animal de estimação das crianças. Sem dúvida, que todos os cachorros são brincalhões, que é uma das coisas que os torna deliciosos. Mas, à medida que um cão cresce, perde a sua faceta de cachorro brincalhão. Intencionalmente ou não, no entanto, os criadores de algumas raças deram nos seus programas de selecção de raças uma ênfase à faceta de cachorro brincalhão que permanece no cão adulto. É possível selecionar uma raça em que os cães crescem sem deixar de ser brincalhões.

Perguntámos o seguinte aos nossos especialistas acerca da brincadeira: «Esta pergunta relaciona-se com a brincadeira de cães adultos. Algumas pessoas acham a brincadeira desejável e outras não. Considerem a pessoa que quer um cão que, mesmo em adulto, brinque às escondidas, apanhe bolas ou faça cabriolices. Como classificam estes cães do mínimo ao máximo da tendência para ser brincalhão?» As raças com uma alta tendência para brincar são uma mistura de pequenos e médios Terriers e de certas raças de desporto. Os tradicionalmente preferidos pelas famílias como o Caniche e o Caniche Miniatura, o Pastor de Shetland e o Golden Retriever encontram-se no topo, com uma percentagem de 20 por cento em brincadeira.

A brincadeira foi classificada pelos nossos especialistas como sendo mais notável nos machos do que nas fêmeas, mas a diferença entre os sexos não é muito pronunciada e, por isso, não conte que, ao escolher um macho, haja uma grande diferença se este já pertence a uma raça com uma baixa tendência para brincar. A brincadeira é moderada no valor previsível e, assim, se este traço é importante para si, pode esperar ser bem sucedido quando o considerar como um dos primeiros a escolher.

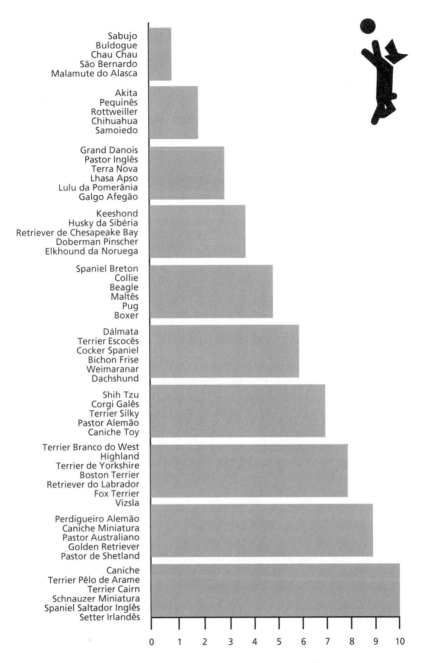

Escala em Decilos

59

Treino de obediência
Valor previsível — Moderado

Sem dúvida que é possível ensinar novos truques a um cão já adulto e escolher a raça adequada torna a tarefa mais fácil. Com bastante tempo e paciência, todos os cães podem ser ensinados, uma vez que todos aprendem coisas novas, todos os dias.

Foi esta a pergunta que fizemos aos nossos especialistas sobre o treino em obediência: «Algumas pessoas não têm simplesmente tempo para se dedicarem ao treino de uma cão, mas gostariam de lhe ensinar a obedecer a ordens simples como, 'sente-se', 'venha aqui' e 'fique aí', apenas em algumas lições. Poderão indicar as raças mais e menos fáceis de treinar?» O fim da escala que acompanha o gráfico seguinte revela quais as raças que, idealmente, se encontram mais aptas a serem treinadas. Duas das três raças com melhor classificação são os clássicos guardadores de gado, famosos pela capacidade em associarem os acenos às intenções de quem dirige o gado à distância. Os nossos especialistas, metade dos quais eram juízes em treino, distinguiram estas raças como tendo o máximo de potencial para um treino exemplar. O topo da escala inclui raças que também levam mais tempo a atingir resultados aceitáveis.

A facilidade com que são treinadas não é, nos cães, indicativo de inteligência geral. Nenhuma raça se provou superior na resolução de qualquer tipo de problemas, por isso, nenhuma nos parece ser claramente melhor em termos de inteligência generalizada (Scott and Fuller, 1965).

A total treinabilidade de um cão depende da sua aceitação do treino e da sua capacidade para ser limpo. Estes traços aparecem normalmente juntos nos perfis de raças, mas isto não é sempre verdade. Por exemplo, o Dálmata e o Spaniel Saltador Inglês têm uma classificação mais alta em treinabilidade do que na aquisição de hábitos de limpeza. Confie mais na previsibilidade do treino do que na capacidade para aprender a ser limpo, porque o treino é moderado em valor previsível, ao passo que a capacidade para aprender a ser limpo é baixa.

No treino de obediência, as diferenças entre as raças excedem provavelmente qualquer das diferenças que existam entre um cão jovem e um velho. Outra consideração, o sexo, é também importante. Os nossos especialistas consideram que as fêmeas aprendem mais depressa do que os machos. Pense sempre nisto se quiser aumentar o potencial de treinabilidade numa raça que tem apenas uma classificação moderada neste traço.

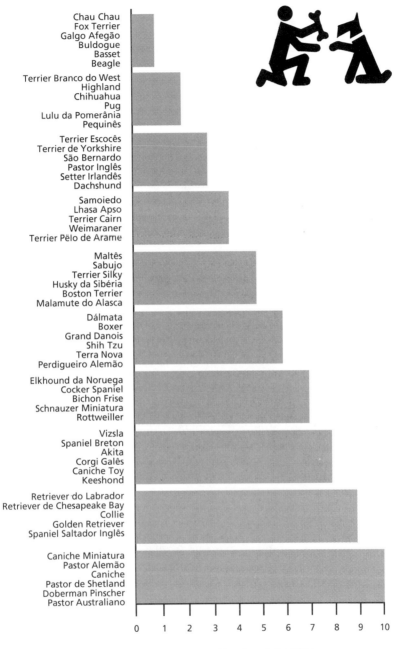

Escala em Decilos

Ladrar de cão de guarda
Valor previsível — Moderado

O ladrar do cão de guarda significa um som emitido por um cão, o sinal de alarme ao detectar um intruso, ao passo que a defesa do território, analisada mais tarde, se refere ao verdadeiro ataque a um estranho, mesmo sem primeiro ladrar demasiado. Estas duas características encontram-se muitas vezes ligadas, mas nós separámo-las porque os hipotéticos donos dizem muitas vezes preferir um cão que ladre a estranhos mas que não tenha uma acentuada tendência para atacar. Alguns donos podem muito bem ter visitas inesperadas e fora de horas e quererão reduzir o risco de dentadas inoportunas.

A pergunta sobre o cão de guarda foi apresentada aos nossos especialistas sob a forma de uma situação imaginária. «Uma mulher que vive só numa cidade quer um cão que durma junto da sua cama e que intimide os estranhos ladrando no caso de alguém se introduzir em casa durante a noite. Classifique estas raças do mímino ao máximo para aquela que der sinal mais forte quando ouvir algo de anormal e que ladre aos estranhos.»

Como pode ver no gráfico, alguns dos Terriers pequenos situam-se numa posição alta como cães de guarda e algumas das raças maiores, menos excitáveis, têm uma baixa classificação. Daí que haja uma certa correlação entre excitabilidade, ladrar excessivo e o ladrar do cão de guarda. No entanto, através de uma cuidadosa selecção poderá encontrar raças com um valor relativamente alto como cães de guarda mas não tão alto em excitabilidade ou ladrar excessivo. Examine os perfis do Doberman, do Pastor Alemão, do Caniche e do Terrier Pêlo de Arame, por exemplo.

Da evolução do cão a partir do seu antepassado lobo, podemos esperar que as fêmeas sejam tal e qual os machos ao ladrarem quando da aproximação de estranhos, mas que os machos se encontrem à frente para a verdadeira defesa do seu domínio, em relação aos lobos intrusos. Este comportamento é, de facto, o que se reflectiu nos resultados do nosso inquérito acerca das influências do sexo. Os nossos especialistas não encontraram diferenças de comportamento entre os sexos no que se refere ao ladrar do cão de guarda.

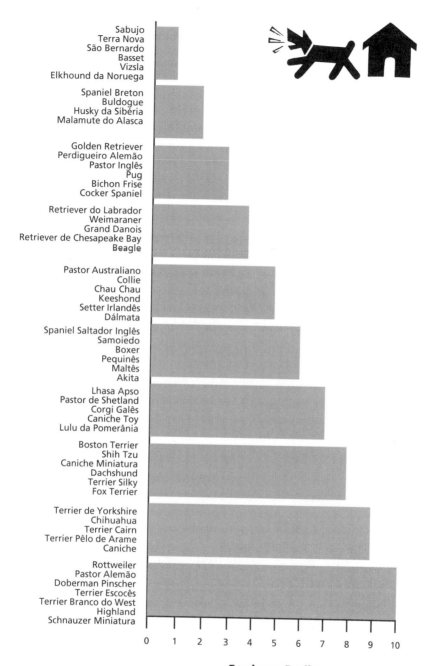

Agressão para com os outros cães
Valor previsível — Moderado

Um cão que basicamente se dá bem com outros cães é um animal menos fastidioso do que um que tenha de ter sempre a trela bem curta, porque de outro modo poderá atirar-se ao cão dos vizinhos ou será sempre um problema se houver mais cães em casa. Sem dúvida que a maioria das pessoas não quer um cão tão tímido que fuja sempre que vê outros cães. Normalmente, e de qualquer modo, quanto mais baixo o cão se classifique na escala de agressão para os outros cães, melhor.

A pergunta que fizemos aos nossos especialistas acerca da agressão foi a seguinte: «Alguns cães parecem querer andar constantemente à luta e outros adoram ficar sossegados. Alguns futuros donos preferem especialmente um cão que não seja agressivo. Para tais pessoas, classifiquem as raças que do mínimo ao máximo têm tendência para provocar outros cães».

O factor agressão, na sua totalidade, inclui outros três traços para além da agressão para com os outros cães: o ladrar do cão de guarda, defesa do território e domínio sobre o dono. Tipicamente, uma raça tem tendência alta ou baixa, em todos os quatro traços. Analise o perfil do Fox Terrier e do Schnauzer Miniatura como exemplos de raças com uma alta agressividade e veja raças como o Sabujo e o Basset como exemplos de raças com uma baixa classificação nesta característica.

A agressão faz, obviamente, parte do comportamento social normal dos canídeos.

O lobo com o temperamento mais agressivo ou brigão era o que mais dominava na sua alcateia, mas os que lutavam desnecessariamente criavam uma perturbação desnecessária e feriam-se a si próprios e aos outros. No processo de domesticação do cão a partir dos seus antepassados lobos, seleccionámos geralmente cães com menos tendência para lutar e que toleram no mínimo outros cães que vêm para as nossas casas ou que encontramos na rua.

Nesta característica há uma diferença pronunciada de comportamento entre machos e fêmeas, tendo aqueles muito mais tendência para lutar com outros cães do que as fêmeas. Se a raça que prefere tem uma classificação razoavelmente alta em agressão para os outros cães, ponha a hipótese de adquirir uma fêmea para reduzir este comportamento inconveniente. Lembre-se de que, quando se torna num problema a agressão demostrada pelos machos, em relação aos outros cães, esta pode ser muita vezes reduzida ou eliminada pela castração.

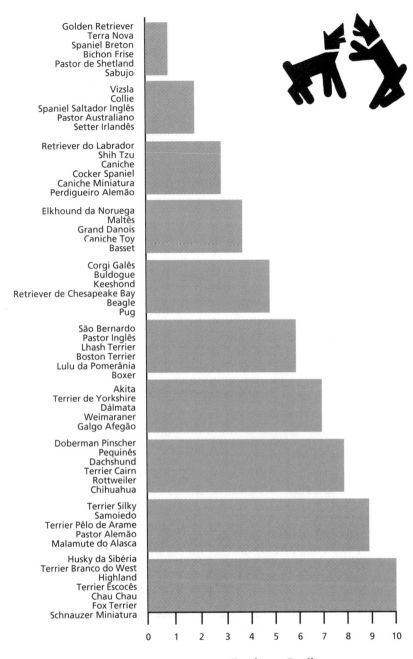

Escala em Decilos

Domínio sobre o dono

Valor previsível — Moderado

O exercício do domínio sobre o dono é, provavelmente, o aspecto mais importante do comportamento para manter uma relação amigável entre a família e o seu cão. Um cão submisso adora os donos e sabe qual é o seu lugar e assim não morde, não ameaça ou refila quando lhe são dadas ordens ou é castigado. Um cão que não é completamente submisso pode ser amoroso e até mesmo obediente na maioria dos casos, mas demostrará ocasionalmente o seu domínio quando refila, rosna ou morde se lhe pedem ou o forçam a fazer alguma coisa de que não goste, até mesmo uma coisa simples como quando o mandam sair da cama do dono. Muitas vezes e surpreendentemente, os cães pequenos — mesmo os cães de regaço, são uns zaragateiros numa casa. De certo modo, isto é o resultado da relutância que muitas pessoas têm em corrigir os acessos de agressividade dos cães pequenos, mas também está relacionado com a predisposição destes para resistirem a ser dominados.

A pergunta que fizemos aos nossos especialistas acerca do domínio foi assim exposta. «Como bem sabem, algumas pessoas têm problemas com o facto de os cães as dominarem. Este problema reflete o comportamento do dono assim como o do cão e o seu tamanho é muitas vezes de considerar. Tirando estes factores, classifiquem estas raças do mínimo ao máximo em relação à tendência para dominar os donos».

Os antepassados selvagens dos nossos cães viviam numa comunidade social hierarquizada em que o domínio era atingido e mantido pela força física, mas séculos de cruzamentos selectivos manipularam geneticamente as predisposições sociais dos cães, de tal modo que algumas raças são, agora, bastante submissas no seu comportamento. Ser capaz de dominar cães com uma baixa tendência neste traço, como o Golden Retriever e o Pastor de Shetland, não deve constituir problema mesmo para o dono mais indulgente e pouco firme. Entre os de maior tendência para dominar, encontram-se as raças com uma tendência ancestral para o topo. O grupo Terrier e as raças extravagantes como o Chau Chau, Husky da Sibéria e o Rotweiler têm de ser dominadas pelos donos para serem animais aceitáveis. Terá de usar um pouco de força para afirmar o seu poder sobre estas raças. O domínio é um assunto em que o sexo do cão é bastante importante. Se uma raça se situa demasiado alto na escala do domínio, para o seu bem estar considere a hipótese de escolher uma fêmea porque estas têm tendência para serem mais facilmente dominadas pelas pessoas ou pelos machos do que estes últimos.

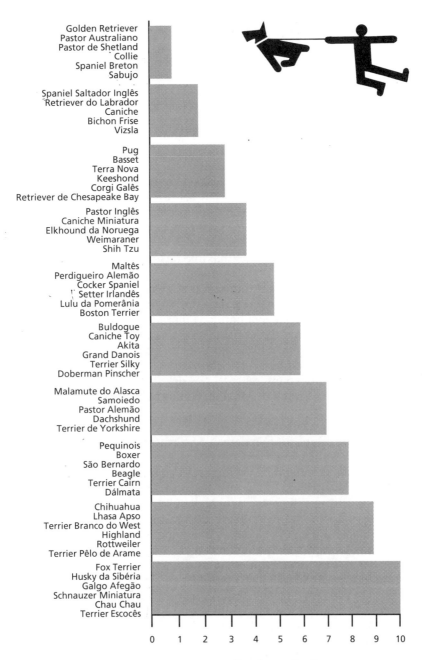

Escala em Decilos

Defesa do território

Valor previsível — Moderado

A defesa do território refere-se ao comportamento do cão ao atacar um estranho que invada o seu território, talvez com um pequeno aviso. Algumas pessoas vivem em locais onde a propriedade ou segurança pessoal podem estar em risco. Podem até já ter sido atacadas. Em tais circunstâncias, precisam de um cão que proteja fisicamente as suas casas e as vidas das pessoas da família.

Fizemos aos nossos especialistas a seguinte pergunta acerca da defesa do território: «Os cães são muitas vezes adquiridos na esperança de defenderem a propriedade do dono, pela ameaça ou mesmo pelo ataque a estranhos que se aproximem da casa, durante a noite ou dia. Naturalmente, o tamanho do cão é tido em conta, mas poderão classificar estes cães do mínimo ao máximo de tendência em defesa territorial, independentemente do seu tamanho?».

Os cães com uma alta classificação nesta característica também têm um alto índice de agressão para com os outros cães. No entanto, também têm mais tendência para apanhar a oportunidade de dominar um ou mais membros da família. Para pessoas firmes isto não constituirá problema. Para outros, no entanto, constitui problema tentar encontrar uma raça que se encontre acima da média em defesa de território, mas abaixo em outros tipos de agressão. O Pastor de Shetland, o Pastor Australiano, o Collie, o Gorgi Galês e o Caniche correspondem a este requisito.

Obviamente, o tamanho do cão deve ser tomado em consideração ao estimar o seu efeito sobre a defesa do território. Porque, como vimos, pedimos especificamente aos nossos especialistas para não terem em conta o tamanho quando classificassem as raças segundo a tendência em defesa territorial. A classificação do Schnauzer Miniatura, por exemplo, sugere que esta raça poderá ser uma enorme ameaça a qualquer intruso. Na maior parte dos casos, no entanto, os intrusos receiam, naturalmente, mais um cão grande do que um mais pequeno.

Os nossos especialistas deram aos machos uma classificação superior à das fêmeas, tendo em conta as diferenças de sexo em relação à defesa territorial. Se está interessado na defesa da sua casa, mas a raça que o atrai não tem uma alta classificação em defesa territorial, ponha a hipótese de escolher um macho em vez de uma fêmea. E, finalmente, há uma classificação que deve ser anotada. Em relação à defesa territorial foi dada ao Dálmata uma baixa classificação de 6 pelos pelos juízes de obediência e a alta classificação de 50 pelos veterinários; no entanto, no total classificou-se mais ou menos a meio.

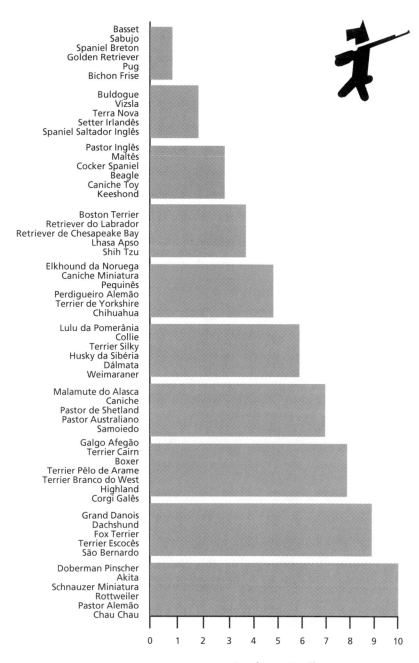

Escala em Decilos

Necessidade de afecto

Valor previsível — Baixo

Os cachorros e os cães jovens dão normalmente muito mais atenção ao contacto físico do que os cães adultos. Esta predisposição juvenil para o contacto físico prolongou-se no estado adulto em algumas raças, por meio de séculos de cuidadosa selecção, tendo em vista a necessidade de afecto físico.

Elaborámos deste modo a pergunta em relação ao afecto: «Algumas pessoas gostariam mais de um cão muito afectivo e com necessidade de afecto, enquanto outras preferem um cão muito mais reservado. Podem classificar estas raças do mínimo ao máximo de necessidade de afecto e de atenção física?» Na classificação dada, os cães com mais baixo índice de necessidade de afecto parece que se afastam e são indiferentes às pessoas, ainda que normalmente sejam obedientes e submissos. As raças com uma alta classificação nesta característica são parecidas com os cães jovens por quererem ser agarrados, mimados, que se fale com eles ou que os empurrem na brincadeira.

A necessidade de afecto é uma das características incluídas no conjunto da reactividade, sendo mais forte nas raças mais reactivas. Mas, se procurar nos perfis, encontrará cães com uma grande necessidade de afecto que têm, por outro lado, outras expressões mais baixas de reactividade. O Pastor Australiano é um exemplo.

Quando há uma interrelação entre crianças e um cão, aquelas investem muito no contacto físico e na brincadeira aos empurrões e, assim, um cão que tenha uma grande necessidade de afecto é o cão ideal para uma família ou para crianças. Uma vez que os especialistas classificaram mais as fêmeas neste traço, do que em geral os machos, poderá valorizar este comportamento se escolher uma fêmea.

Algumas pessoas acham que o constante reforço da sua autoridade torna um cão menos afectivo. De facto, há a outra versão: os cães exprimem o seu afecto a quem os domina. Numa alcateia, o lobo que domina é solicitado por todos e todos querem estar perto dele e demonstrar-lhe o seu afecto. Se procura um cão que demonstre muita afectividade, pense em combinar uma grande necessidade de afecto com uma baixa tendência para dominar o dono. Porque a necessidade de afecto tem um valor previsível baixo, será melhor considerá-la secundária ao decidir-se entre várias raças.

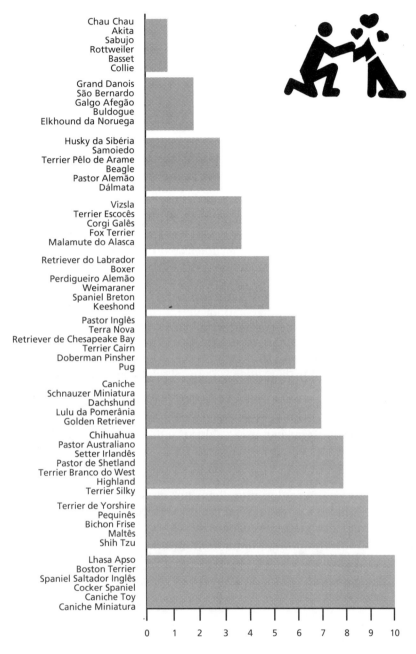

Destruição
Valor previsível — Baixo

Não deveremos ficar surpreendidos se a compreensão de um cão acerca de divertimento e destruição diferir da nossa. Um cão a brincar à luta de tracção com uma mangueira é, como vimos, destruidor no caso de a mangueira ser nova, mas o facto de um cão roer uma mangueira velha que em breve deitaríamos fora, parecer-nos-á apenas uma brincadeira engraçada. Põe-se a mesma questão para o roer de sapatos novos, que significa destruição, mas se eles forem usados, serão meramente uma saudável pastilha elástica e um exercício para os dentes. É difícil definir de que maneira a destruição é algumas vezes compreendida em termos caninos, mas ainda existem algumas diferenças entre as raças, que poderemos aproveitar.

A destruição é geralmente encarada como um mal necessário da fase de cachorro que é repentinamente reduzido com a maturidade. Aos nossos especialistas foi pedido que classificassem as raças segundo o grau de destruição nos cães adultos, não em cachorros, para evitar este efeito: «Muitas pessoas gostariam de ter um cão, mas ficam horrorizadas com a fama de destruição do cão adulto. Como sabem, muitas pessoas têm de trabalhar, ou, por qualquer razão têm de deixar um cão sozinho, por vários horas durante o dia. Classifiquem estas raças do mínimo ao máximo da tendência para estragar coisas, quer em casa ou no quintal, quando ficam sozinha».

As classificações em brincadeira e em destruição estão normalmente próximas. Quando diferem acentuadamente entre as duas características a solução mais agradável para os donos é uma baixa destruição e uma alta brincadeira. Os que melhor ilustram este perfil são o Golden Retriever e o Caniche. A combinação oposta — alta destruição e baixa brincadeira — encontra-se no Malamute do Alasca, Samoiedo e Husky da Sibéria, que são todos, estranhamente, cães esquimós.

A destruição foi avaliada pelos nossos especialistas como sendo um pouco mais acentuada em machos do que em fêmeas, mas a diferença entre os sexos, neste traço, não é tão grande como em outros e, portanto, não espere grande diferença se escolher uma fêmea. Especialmente não espere que o sexo reduza acentuadamente a destruição nas raças com uma alta classificação.

Porque a destruição tem um baixo valor previsível, não é uma boa característica para ser usada numa primeira escolha. Deve ser considerada mais como um dos traços a usar na redução da sua pequena lista.

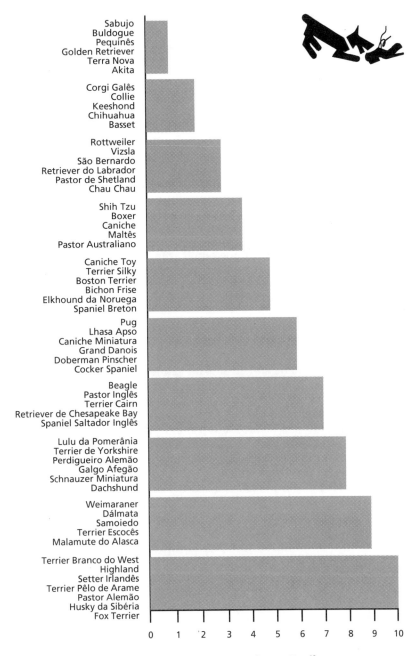

Escala em Decilos

Facilidade em ser ensinado a ser limpo

Valor previsível — Baixo

Porque é que alguns cães têm menos dificuldades em eliminar do que outros? Neste aspecto, porque não haveriam de ser difíceis? O comportamento de eliminação dos cães é um comportamento inato ou instintivo que foi aperfeiçoado pela selecção natural para ajudar a reduzir a exposição aos parasitas internos e doenças instestinais. Quando as fezes eram depositadas longe das suas tocas, os antepassados do cão, e especialmente as sua crias tinham menos tendência para ingerir os ovos dos parasitas ou organismos causadores de doenças. Alguns parasitas são muito mais nocivos para os cachorros do que para os cães adultos. Novos métodos de tratamento médico para parasitas internos em cães, enfraqueceram a força da selecção natural, permitindo que cães com menos do que um difícil comportamento de eliminação se reproduzissem. O resultado é que os cães variam consideravelmente no modo de adquirir hábitos de limpeza. As diferenças humanas em relação aos métodos que usamos para ensinar os nossos cachorros a serem limpos contribuem para a baixa previsão deste traço.

Os cães, ao contrário das cabras e das ovelhas, por exemplo, têm uma tendência inata, geneticamente programada para conservarem limpos os seus abrigos ou locais onde dormem. Até mesmo os cachorros recém-nascidos que têm idade suficiente para gatinharem para fora do cesto se comportam desta forma. Quando ensinamos ou treinamos um cão a ser limpo, estamos simplesmente a ajudá-lo a generalizar que toda a casa, e não apenas um canto, é o seu abrigo. Ensinar um cão a ser limpo também ajuda a estabelecer um hábito, se reparamos quando e onde ele elimina.

Pedimos aos nossos especialistas para classificarem ás raças acerca da facilidade em serem ensinadas a serem limpas, colocando a seguinte situação: «Um jovem casal, sem filhos, quer ter um cachorrro. Ambos trabalham mas planeiam tirar uma semana de férias asssim que o tiverem. Esperam tê-lo ensinado a ser limpo no fim da semana quando voltarem ao trabalho. Podem classificar as raças do mínimo ao máximo em facilidade de adquirirem hábitos de limpeza?».

Tirando as óbvias diferenças pessoais do modo como as pessoas são capazes de ensinar eficazmente os cães a serem limpos, as raças com alta classificação desenvolverão provavelmente hábitos sanitários com o mínimo esforço da sua parte. Das raças com baixa classificação pode esperar-se que sejam significativamente mais difíceis. A maioria dos cães parece ser treinável em limpeza. Porque as fêmeas tiveram classificação mais alta neste traço do que os machos, se está interessado numa raça que por acaso é baixa em facilidade em ser ensinada a ser limpa, considere uma fêmea.

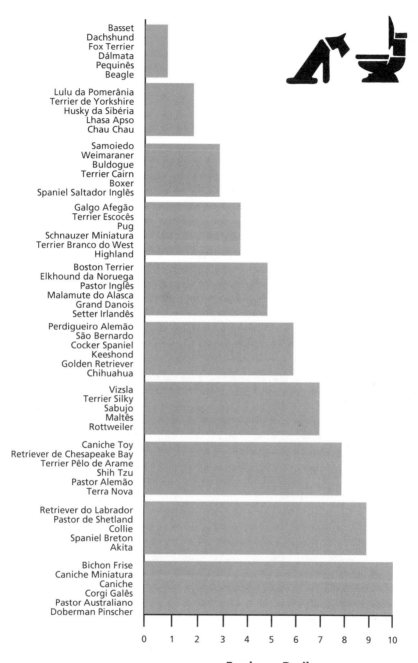

Escala em Decilos

 *3.ª Parte*

Perfis de comportamento das cinquenta e seis mais populares raças de cães

A colecção de gráficos de perfis de comportamento que se segue é a parte mais importante deste livro. Daí, que seja essencial não esquecer o significado destes perfis e o que eles dizem ou não. Lembre-se de que eles não representam a opinião dos autores mas o resultado de entrevistas a quarenta e oito veterinários e a quarenta e oito juízes de obediência recolhidos a nível nacional. Como já foi explicado, estes especialistas foram igualmente divididos por homens e mulheres das regiões ocidentes, centrais e orientais dos Estados Unidos. A cada um foi pedido para classificar sete raças de cães que escolhemos ao acaso a partir de uma lista principal de cinquenta e seis raças, aplicando a cada uma os treze traços de comportamento analisados na 2.ª Parte. Estes especialistas não foram autorizados a incluir cães escolhidos por si e, assim, as avaliações serão relativamente isentas. Foi elaborado um programa de computador para classificar os sete índices de todos os especialistas e, então, fez-se uma classificação principal de todas as cinquenta e seis raças em cada um dos traços que foram apresentados na 2.ª Parte. Estas classificações foram, então, divididas em decilos para conveniência da composição dos gráficos dos perfis.

Como usar os perfis de comportamento

Provavelmente gostará de folhear os perfis e de olhar para algumas das raças que já lhe são familiares. Poderá querer comparar o modo como os perfis de comportamento se conjugam tão bem com a sua experiência sobre determinados cães. Lembre-se de que cada cão pode variar muito dentro de cada raça e que estes perfis são generalizações feitas por especialistas, que provavelmente viram muitos cães de cada raça. O que colher do comportamento de um determinado cão de uma certa raça não se conjugará por isso, necessariamente, com o perfil aqui apresentado. Se é uma autoridade em raças de cães e acha que alguns dos perfis não têm absolutamente nada a ver com a sua experiência, lembre-se novamente de que estas não são as opiniões dos autores deste livro mas representam um consenso das opiniões de noventa e seis especialistas com experiência destas raças

Os perfis de raças aproximam as diferenças relativas entre raças no que respeita aos treze traços de comportamento escolhidos, mas não leve os gráficos demasiado à letra. A diferença entre uma raça que, digamos, tem uma classificação de 3 num traço em relação a uma que tem 4 é provavelmente insignificante. Pode, contudo, contar provavelmente com as diferenças em raças que, por exemplo, têm uma classificação de 2 num traço de comportamento em oposição com uma de 8. Por outras palavras, se ter um cão que tenha uma forte aceitação de treino de obediência é importante para si, não rejeite uma raça com outras características desejáveis que se classifique em 9 em vez de 10 neste traço.

Em alguns dos perfis, alguns especialistas diferiram entre si de forma estatisticamente importante, como está referido nas análises daquelas raças. Na maior parte dos casos onde a sua própria experiência difere do que está contido nos gráficos, a diferença é geralmente o reflexo da variabilidade existente entre cada cão dentro de uma raça.

Quando se propõe compor uma lista de cães que constituem hipóteses de escolha, siga o processo sugerido na 2.ª parte para aperfeiçoar a sua lista de escolhas. Analise rapidamente um gráfico de um dos treze traços de comportamento que mais lhe interessa, como a protecção à casa, por exemplo, como se observa nos gráficos do ladrar de cão de guarda ou defesa territorial. Então, tome nota das dez ou quinze raças que se classificam segundo a direcção que deseja. Em alguns casos poderá não se decidir por escolher raças que sejam altas ou baixas num determinado comportamento mas que tenham uma classificação moderada. Em seguida analise o gráfico da 2.ª Parte que representa o segundo traço de comportamento mais importante para si e determine quantas raças da lista original se integram na segunda série que imaginou a partir do segundo gráfico. Por exemplo, das dez raças com menor tendência para se atirarem a crianças, nove situam-se nos três decilos mais baixos em domínio sobre o dono: o Golden Retriever, o Retriever do Labrador, o Terra Nova, o Sabujo, o Collie, o Retriever de Chesapeake Bay, o Vizsla, o Spaniel Breton e o Pastor Australiano. Então, vá para a característica de terceira importância. Verá provavelmente que, para conseguir uma lista de pelo menos seis, terá de continuar a alargar o leque de aceitação a sucessivos traços até chegar ao ponto em que terá de aceitar uma cão que se encontre na parte superior ou inferior de todas as raças representadas no gráfico.

Depois de ter uma lista de trabalho com cerca de seis raças, analise os perfis de comportamento de cada raça, nesta parte, para determinar como os seus perfis, na globalidade, se adaptam ao seu tipo de vida e ambiente familiar. Se não está contente com os perfis de pelo menos umas quantas raças, pode começar outra vez do princípio, usando um traço de importância secundária e alargando a lista de raças que deseja e, então, comece por outros gráficos com um conjunto de raças um pouco diferente.

Nos perfis de comportamento encontram-se a altura do quarto dianteiro e o peso típico do macho de cada raça. Ainda que estes números forneçam o tamanho aproximado de cada raça, lembre-se que muitas se apresentam em vários tamanhos. E mais, nas raças maiores, a fêmea é muitas vezes mais pequena do que o macho.

A maioria dos donos tem muita tendência para se aconselhar demasiado com amigos e familiares acerca da raça ideal. Quanto isto acontece, sugerimos que examinem os perfis de comportamento dessas raças assim sugeridas e que as comparem com as raças a que chegaram pelo processo sistemático de obter uma pequena lista através dos meios já designados.

O modo como o comportamento do seu cão adulto se assemelha mais com o perfil de raça apresentado neste livro não é apenas determinado pela raça. Um outro factor bastante importante para determinar o comportamento de um cão adulto é a contribuição genética específica dada a um animal pelos pais. Se o comportamento da mãe e do pai parece sobrepor-se ao perfil de comportamento aqui apresentado, há uma excelente hipótese de o cachorro que escolher se comportar em adulto segundo as linhas previstas.

Se, durante o seu processo de selecção, um criador expressar opiniões acerca de uma raça que sejam diferentes do perfil aqui apresentado, lembre-se de que só está a ouvir a opinião de uma pessoa. De facto, suspeitamos que alguns criadores ficarão descontentes com várias classificações. Nenhum criador ficará contente com a sua raça a ser classificada como a mais alta na tendência para atirar-se a crianças ou alta em ladrar excessivo. No entanto, o modo como os perfis foram feitos, com algumas raças com classificações mais baixas e outras mais altas, é como uma classe de estudantes em exame, em que nem todos podem ter as melhores notas. Há um que atinge a melhor nota e um que passa com a mais baixa. Se procura o melhor estudante, olhe para os que têm classificação superior. Mas se só lhe interessa que passem ou não, a sua classificação não deverá fazer grande diferença. A nossa filosofia neste livro baseia-se no facto de que diferentes raças de cães servem para diferentes ambientes e que para cada raça existe um determinado ambiente ao qual ela é mais adaptável.

Akita

Se gostar de um grande e tranquilo cão-de- guarda, o que é de certo modo invulgar, pense num Akita. As nossas avaliações indicam que pode contar com uma protecção efecaz do Akita sem ter de sofrer com um ladrar constante ou constantes desafios à sua autoridade — um dos poucos cães que se encontram no topo da defesa de território, tendo apenas uma classificação média, tanto no factor domínio sobre o dono como em ladrar de cão-de-guarda. Os altos níveis do Akita em agressão e em treino de obediência são equilibrados por baixos valores em reactividade e destruição, ao contrário do, de certo modo semelhante, Pastor Alemão. O Akita é das poucas raças que se encontra no nível mais baixo do ladrar excessivo, necessidade de afecto e destruição.

Talvez seja uma pessoa demasiado pequena que prefere não se arriscar a ter um cão que o ultrapasse em peso, mas encontra-se impressionado pelo perfil de comportamento do Akita. Pode obter um cão um pouco mais pequeno e menos agressivo se escolher uma cadela Akita. E se o tamanho não é problema, pode considerar o perfil notavelmente semelhante e o corpo um pouco maior do Rottweiler. Ambas as raças têm uma baixa tendência para se atirarem a crianças. Para conseguir um bom comportamento apreciável do Akita é necessário um treino de obediência consciente, que deverá ser compensador, uma vez que ele tem um alto nível de aceitação de treino. O seu respeito pela importância que tem discipliná-lo assim como proporcionar-lhe exercício podem muito bem ser realçados pelo impressionante tamanho desta raça.

Se deseja proporcionar a um Akita um exercício diário ao ar livre, não será necessariamente audicioso pôr a hipótese de ter um num pequeno apartamento. O seu baixo nível em excitabilidade, actividade geral e destruição fazem dele um possível candidato a pequenas divisões, apesar do grande tamanho.

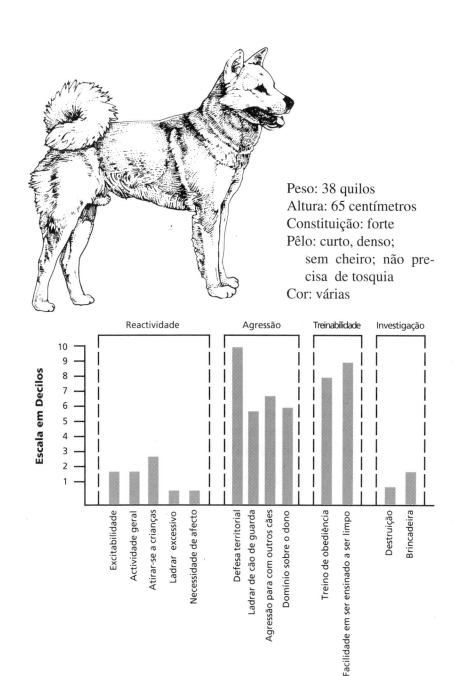

Basset

Se tem de encontrar um cão que não seja activo, excitável ou agressivo, o Basset será o ideal para si. Os Basset têm fama de ser uma raça supercalma e, de todas as raças, encontram-se no nível mais baixo da nossa classificação para actividade geral. No entanto, esta classificação não aparece sem compromissos em outras áreas.

O Basset é o que tem a classificação mais baixa na facilidade em ser ensinado a ser limpo. Isto não significa necessariamente que ficará com a carpete suja para sempre, uma vez que todos os cães são potencialmente treináveis. Mas, com o Basset, será provavelmente exigida mais paciência e atenção na técnica para o ensinar a ser limpo do que para outras raças que são mais facilmente ensinadas.

O Basset também é de todas as raças a que tem a mais baixa classificação em defesa territorial. Toda a reactividade muito baixa, como a do Basset, significa, normalmente, que o cão não se dá bem com demasiado afecto, e como o perfil desta raça mostra, pode esperar-se que uma raça que tenha um baixo nível em agressão seja um extraordinário protector de casa e da propriedade.

Se quiser fomentar as tendências para actividade geral e defesa territorial dos Bassets, pode escolher um macho. Por outro lado, uma fêmea pode ser mais fácil de treinar e de ensinar a ser limpa. Uma prometedora estratégia de escolha de uma raça para moderar as classificações mais baixas dos Bassets seria considerar raças semelhantes que fossem mais fortes neste traços. Se gostar de um nível mais alto em treinabilidade olhe, por exemplo, para o Sabujo ou para o Elkhound da Noruega. Se quer mais acção, o Pastor Inglês é uma possibilidade. E o Elkhound e o Pastor de uma maneira geral têm traços agressivos mais altos do que o Basset.

Peso: 22,5 quilos
Altura: 35 centímetros
Constituição: forte
Pêlo: curto
Cor: branco, castanho
 e preto

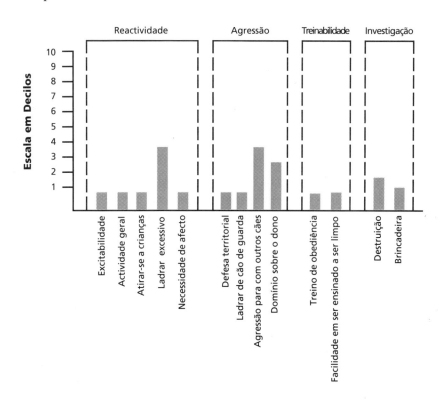

Beagle

Pode muito bem que a distinta e colorida personalidade do Beagle o levem a ser tão estimado pelas pessoas. Se pedir a uma criança para desenhar um cão, o desenho será mais provavelmente parecido com um Beagle do que com qualquer outra raça. Os Beagles, pelo tamanho, forma e cor aproximam-se do cão genérico, o que pode ser responsável pela sua grande popularidade. Até mesmo o seu ladrar excessivo, que pode ser às vezes provocatório para os vizinhos ou adultos da família, é afinal a verdadeira ilustração do que um cão faz.

Apesar da caricatura do Beagle ser o amoroso e cómico *Snoopy*, no entanto, o seu perfil de comportamento sugere que ele poderá não ser a raça ideal para uma família. O Beagle nem sequer é forte em necessidade de afecto. Diga-se, no entanto, que não tem uma grande tendência para se atirar a crianças.

Como uma maior precaução, note que os Beagle têm a mais baixa pontuação em treino de obediência e em facilidade de serem ensinados a ser limpos. Uma classificação assim baixa é invulgar para raças pequenas: só para uma outra raça pequena, o Fox Terrier, também assim classificada tão baixo em traços de treinabilidade. Muitos donos podem considerar uma infelicidade que o Beagle tenha um baixo nível em defesa de território e em ladrar como cão-de-guarda, um nível médio em agressão para com os outros cães e uma alta tendência para exercer domínio sobre o dono. Sendo o cão que se encontra no topo do ladrar excessivo o Beagle não será provavelmente a melhor raça, quer para uma casa quer para uma instituição.

Nenhuma outra raça é como o Beagle, mas semelhante e mais moderado é o Pug, que apenas tem uma menor classificação no exercício de domínio sobre o dono. No conjunto, todas as classificações do Pug são parecidas com as do Beagle mas não tão extremas.

Peso: 34 quilos
Altura: 37,5 centímetros
Constituição: leve
Pêlo: curto
Cor: branco, preto
   e castanho

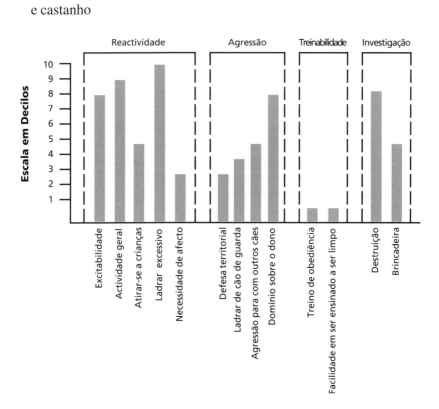

Bichon Frise

O perfil do Bichon Frise mostra que ele se encontra numa posição suficientemente alta um treino de obediência e baixa em agressão, podendo assim, esta raça atrair pessoas que queiram um cão muito pequeno com estes traços. Com a maioria das outras raças pequenas — especialmente os Terriers — consegue-se um animal com traços de agressividade alta e com pouca facilidade de treino. O alto nível de necessidade de afecto faz deste, entre os pequenos, um bom candidato a cão de família. Note, no entanto, a sua alta tendência para se atirar a crianças, o que pode exigir cuidados especiais quando há crianças à volta. Para um cão muito pequeno, os seus modestos mas altos traços de reactividade e a sua posição intermédia em ladrar excessivo fazem dele a combinação ideal. Como um bónus adicional, o Bichon Frise encontra-se na posição superior em relação à facilidade em ser ensinado a ser limpo. Com o seu pequeno tamanho e a sua facilidade em ser limpo, não haverá problemas de limpeza com esta raça.

O Bichon Frise, que tem uma baixa classificação em traços de agressividade, não pode ser considerado um cão-de-guarda. Se procura um cão muito pequeno com modestos traços agressivos mas com uma alta reactividade e uma substancial aptidão para o treino, existem outras raças — o Maltês, o Shih Tzu e o Caniche Toy — que têm perfis semelhantes ao do Bichon Frise. Todas estas raças são um pouco mais reactivas do que o Bichon Frise. Poderá considerar uma destas se a sua preferência vai para um cão-de-guarda que ladre, porque elas têm uma alta classificação neste traço apesar de, na totalidade, terem uma modesta classificação em traços de agressividade. Ao Maltês falta-lhe a alta pontuação em treinabilidade presente nas outras três raças, encontrando-se apenas numa posição intermédia neste factor.

Peso: 4,5 quilos
Altura: 25 centímetros
Constituição: muito leve
Pêlo: sedoso, profuso; cai pouco com cuidados regulares
Cor: branco

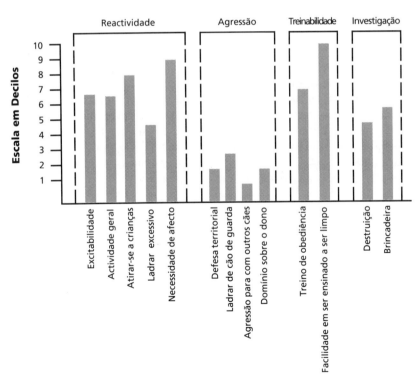

Boston Terrier

O Boston Terrier é um cruzamento do Buldogue e do Terrier Inglês, mas distingue-se por direito próprio. A sua aparência, que também é bastante distinta, atrai fortemente algumas pessoas. Em reactividade o Boston é semelhante a outros Terriers, mas os futuros donos poderão achar que a sua pontuação mais alta em necessidade de afecto — quinta a partir de cima — o torna mais atraente. Para a sua valorização como uma possível raça de família, o factor de reactividade em que ele tem um baixo índice é a tendência para se atirar a crianças. Note que, no entanto, a pontuação de sete é ainda um pouco alta para famílias com crianças.

Em todos os traços de agressão, o Boston Terrier excede-se no ladrar do cão de guarda e tem apenas uma classificação média na sua tendência para exercer domínio sobre o dono. Se a protecção da casa é uma forte prioridade, poderá procurar uma raça com um índice mais alto em defesa territorial, mas pelo menos pode contar com o sinal de cão-de--guarda do Terrier. Ponha a hipótese de aumentar o potencial em defesa territorial se escolher um macho. Com a sua classificação média nos traços de treinabilidade, o Boston Terrier tem um índice mais alto do que a média de todos os Terriers.

Entre as raças alternativas, o pequeno Maltês, pela sua pontuação média em traços agressivos e pela sua receptividade ao treino, é semelhante ao Boston Terrier. Poderá desenvolver um pouco cada factor se considerar um Silky Terrier. Se conseguir viver com índices mais altos em reactividade e em traços agressivos, poderá escolher de um grande grupo de cães mais pequenos, as outras raças Terriers que têm uma grande variedade de cores e aspectos.

Peso: 9 quilos
Altura: 35 centímetros
Constituição: muito leve
Pêlo: macio, brilhante
Cor: preto e branco

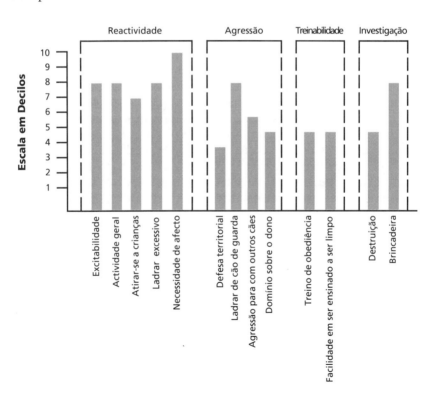

Boxer

Se procura um bom cão de família, mas coloca a protecção territorial como grande prioridade, o Boxer poderá perfeitamente preencher este papel. Isto é especialmente verdade se estiver interessado nos altos índices de cães de guarda como os Akitas, Dobermans e Rottweilers, mas para além disso quer um cão que chegue a dar trabalho aos intrusos. O Boxer também tem uma pontuação mais baixa em destruição do que as típicas raças de cães-de-guarda.

O perfil de comportamento do Boxer é moderado em todos os traços — não é demasiado reactivo (tem sido usado como guia), não é demasiado lento, nem terrivelmente agressivo — mas também não se deixa levar. Com a sua classificação média em todo o treino de obediência será capaz de moldar o comportamento do seu Boxer de modo a adaptá-lo ao seu tipo de vida e às suas exigências.

A escolha do sexo dá-lhe a hipótese de algumas flexibilidade em agressão e treinabilidade. Ao escolher uma fêmea pode esperar qué aumente a treinabilidade diminuindo um pouco os elementos agressivos, incluindo a protecção do território. Ao escolher um macho, pode esperar uma defesa territorial mais forte mas uma maior tendência para o domínio e menos entusiasmo para ser treinado. O moderado nível em brincadeira do Boxer não é também muito vulgar numa raça com uma certa capacidade para cão de guarda.

Uma raça um pouco mais reactiva, com um comparável nível de traços agressivos, mas menos bricalhona e com uma classificação mais alta em treino de obediência é o Corgi Galês. Poderá apreciar a menor tendência desta raça para exercer domínio sobre o dono. Poderá esperar que o Corgi o desafie menos vezes pelo domínio e que se deixe ir mais suavemente pelo treino de obediência do que o Boxer.

Peso: 32 quilos
Altura: 57,5 centímetros
Constituição: sólida
Pêlo: curto, macio
Cor: castanho claro ou malhado com branco

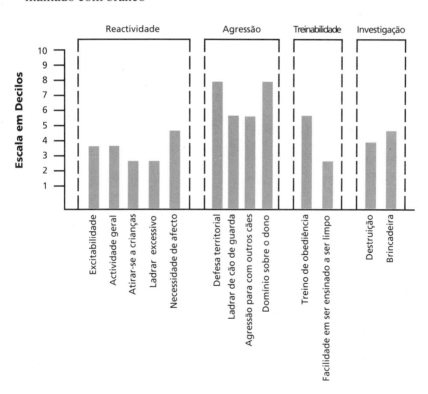

Buldogue

O Buldogue presta-se muito para o ambiente de tertúlia universitária, onde tem gozado de considerável sucesso como mascote. Tem uma baixa pontuação em toda a reactividade, não ladra demasiado, assim como não tem grande tendência para se atirar e não reage muito ao barulho e à confusão. O Bull canaliza a sua agressividade, não para a protecção à casa — quem precisa de um cão de guarda numa tertúlia universitária? — mas para a sobrevivência: agressão para com as mascotes estranhas e resistência ao domíno dos donos. É precisamente porque ninguém precisa que uma mascote seja treinada em obediência que o Buldogue se encontra entre os de mais baixa classificação neste traço. Felizmente que é classificado um pouco mais alto em facilidade em ser ensinado a ser limpo. Partindo do princípio de que não está na comissão seleccionadora de mascotes para tertúlias, poderá melhorar a adaptação do animal a casas normais escolhendo uma fêmea, uma vez que adora o seu focinho e aspecto incomparáveis.

O Buldogue tem certos traços que o tornam recomendável para certos casos. A sua tendência para dominar o dono é apenas média. A classificação mais alta do Buldogue, dentro da reactividade — atirar-se a crianças — ainda se encontra abaixo da média e a escolha de uma fêmea tem tendência para suavizar este traço. Finalmente, o Buldogue, de todas as raças é o terceiro mais baixo em actividade geral. Se é muito nervoso e os cães nervosos o põem maluco, poderá sentir-se seguro ao escolher um Boldogue, especialmente porque ele também se classificou, entre todas as raças, o segundo mais baixo tanto em destruição como em brincadeira.

São alternativas o Elkhound da Noruega e o Pastor Inglês, tendo ambos uma classificação total moderada. O Pastor atinge a quarta posição com o seu factor mais alto, a reactividade e o Elkhound caracteriza-se por moderados traços de treinabilidade.

Peso: 23 quilos
Altura: 37,5 centímetros
Constituição: forte
Pêlo: curto
Cor: branco e castanho

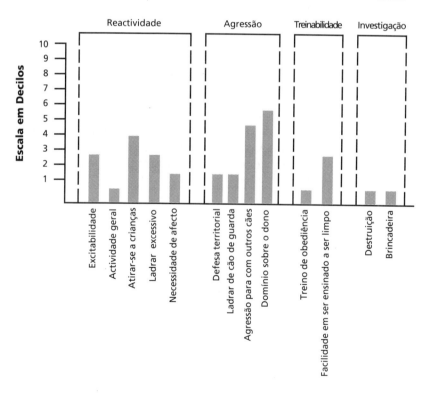

Caniche normal

Se preferir um Caniche normal, está a escolher uma das raças de classificação superior em treinabilidade. Os nossos especialistas classificaram-no na quarta posição mais alta em treino de obediência e em facilidade em ensinar um animal a ser limpo. À sua popularidade junta-se o seu conjunto de características agressivas. Os nossos especialistas classificaram o Caniche normal como um prometedor cão de guarda mas com um índice mais baixo do que a média, em agressão para com os outros e em domínio sobre o dono.

Quando comparado com a Miniatura e com o Toy, faltam-lhe os seus índices extremamente altos de necessidade de afecto e de toda a reactividade, promete mais como cão de guarda e demonstra um baixo nível em destruição embora mantendo a famosa reputação dos Caniches em grande facilidade de treino e brincadeira. É esta combinação de moderada excitabilidade, actividade geral e necessidade de afecto com uma alta tendência para a brincadeira que o coloca fortemente dentro das raças próprias para crianças. Em comparação, uma outra popular raça para crianças é o Golden Retriever. Ainda que se encontrem os dois abaixo da média nestes traços, o Golden tem uma menor tendência para se atirar a crianças, lutar com outros cães e dominar as pessoas da família. São comparáveis em necessidade de afecto. Se gostar, compare estas duas raças para ver o que cada uma tem de melhor para oferecer.

Pode considerar que os Caniche tem, como cão, uma personalidade inferior. Existem dois cães pequenos que têm perfis gerais próximos do dele. O Pastor de Shetland manifesta um pouco menos de agressão e mais reactividade, o Corgi tem uma classificação ligeiramente mais alta em traços agressivos.

Peso: 25 quilos
Altura: 58 centímetros
Constituição: média
Pêlo: tipo arame, encaracolado;
são aconselháveis cuidados regulares;
uso de enfeites executados por profissional;
ligeira queda
Cor: preto, branco prateado, cinzento ou castanho

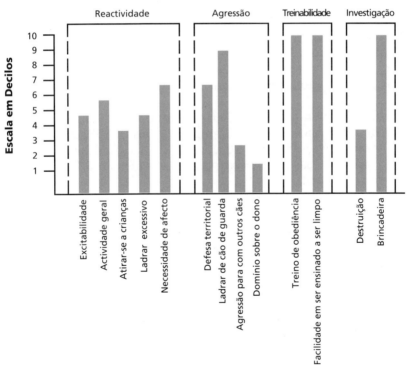

Caniche (Miniatura)

Os Caniches encontram-se em geral entre as raças mais frequentemente registadas no A. K. C. e o Caniche Miniatura é o mais procurado de todos.

Se gostar de um cão que seja activo e atento, que lhe obedeça disciplinadamente, ponha a hipótese do popular Caniche Miniatura.

Considerada como sendo, de todas as raças, a de maior necessidade de afecto, o Miniatura também se encontra, como poucos, numa posição superior em treinos de obediência e em facilidade de aprender a ser limpo. Realça-se frequentemente nos Caniches o que é muitas vezes referido como a sua alta inteligência. A inteligência que as pessoas lhe atribuem frequentemente pode ser simplesmente o modo ideal como eles apresentam uma combinação de características de comportamento: grande necessidade de afecto, excelente classificação em treino de obediência, alto nível de reactividade e baixo domínio sobre o dono.

É interessante analisar os perfis das três raças de Caniches: o Miniatura, o normal e o Toy. Note em primeiro lugar que nos cães mais pequenos os índices dos traços de reactividade aumentam. As pequenas diferenças entre o Miniatura e o Toy em treino de obediência, destruição, brincadeira e defesa territorial são provavelmente insignificantes. Por isso, para os Caniches, o tamanho e a reactividade proporcionam uma escola de proporção útil para equilibrar os seus ideais com as suas necessidades.

Algumas outras raças com perfis mais ou menos semelhantes são o Bichon Frise, o Spaniel Saltador Inglês e o Pastor de Shetland.

Alguns futuros donos que querem o perfil do Caniche mas com um nível de reactividade mais baixo poderão considerar o Golden Retriever e o Pastor Australiano.

Peso: 7,5 quilos
Altura: 32,5 centímetros
Constituição: muito leve
Pêlo: profuso, tipo arame; são aconselháveis cuidados regulares; ligeira queda; uso de enfeites executados por profissional
Cor: preto, branco, prateado, cinzento ou castanho

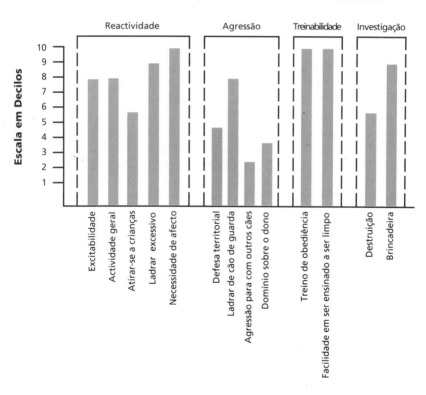

Caniche (Toy)

Como é de esperar, o perfil do Caniche Toy é muito parecido com o do Caniche Miniatura, e as diferenças, ainda que pequenas, podem influenciá-lo ao escolher um cachorro. Ambas as raças têm uma alta reactividade. Em necessidade de afecto, o Toy é a segunda, mesmo abaixo do Miniatura. Ainda que tenha um alto índice em treino de obediência, o Toy encontra-se dois decilos abaixo dos seus companheiros de raça, o normal e o Miniatura, o que leva provavelmente a que algumas pessoas considerem o Toy menos inteligente. (Alguns dos elementos que parece que as pessoas associam com inteligência nos cães, são a tendência destes para estarem sempre atentos e um alto nível de excitabilidade e actividade geral.)

O Caniche Toy poderá não ser uma tão boa escolha para cão de família quanto o Miniatura ou normal, devido aos seus índices mais altos na tendência para atirar-se a crianças e para exercer domínio sobre o dono, e ainda mais porque tem um índice mais baixo em brincadeira. Ainda que fosse pior como protector da casa, lembre-se de que o Toy se situa abaixo do Miniatura no ladrar de cão de guarda e em defesa territorial.

Como a maior parte dos cães pequenos, o temperamento do pequeníssimo Caniche Toy parece que se expandiu para compensar o seu pequeno tamanho, no caso de associar temperamento com reactividade geral. Sem dúvida que, para muitos donos, o tamanho do Caniche Toy é o seu principal atractivo. Se a sua maior prioridade é ter um cão muito pequeno duas outras raças idênticas têm personalidades parecidas com a do Caniche Toy. O Shih Tzu que tem apenas uma classificação média em atirar-se a crianças e em ladrar excessivo, de resto é quase igual ao Toy. E o Bichon Frise, não tão igual, poderá interessar, no caso de não procurar um cão de guarda.

Peso: 3 quilos
Altura: 22,5 centímetros
Constituição: débil
Pêlo: pesado, encaracolado;
são aconselháveis
cuidados regulares;
ligeira queda; uso de
enfeites executados por
profissional
Cor: preto, branco, prateado,
cinzento ou castanho

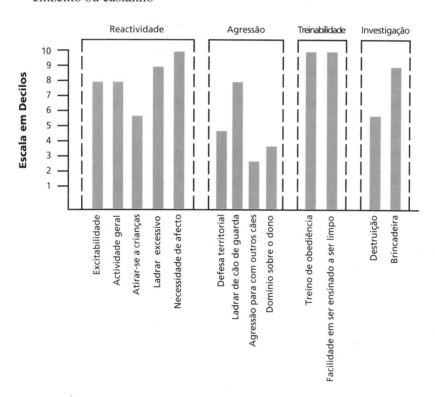

Chau Chau

Os adeptos do Chau Chau parecem ser atraídos pela sua aparência invulgar e pela sua famosa e típica fidelidade a um só dono. O Chau Chau é a raça que tem o mais alto índice em protecção territorial, para os que se interessam por isso e talvez a sua mais baixa classificação entre todas as raças, em treino de obediência, esteja relacionada com a sua fama de ser um pouco imprevisível em agressividade.

Os nossos inquiridos atribuíram ao Chau Chau valores extremos à maioria dos seus traços e poucos lhe conferiram valores médios. O Chau não é só a raça com a mais alta classificação em defesa territorial mas também a segunda em tendência para exercer domínio sobre o dono e a terceira em demonstrar agressão para com os outros cães. Encontra-se em terceiro lugar na tendência para se atirar a crianças mas é, por outro lado, baixo em reactividade e é a raça de classificação mais baixa em necessidade de afecto. E, como foi mencionado, é a mais baixa em facilidade de treino de obediência.

Sem dúvida que, se procura um cão carinhoso, que brique com os seus filhos, sem ser treinado para tal, o Chau Chau não é a raça adequada. O Chau é um excelente cão de guarda, mas é um desafio ao treino. Se quer uma raça sem tais extremos, analise o perfil semelhante do São Bernardo, com a sua menor agressão e maior facilidade em ser treinado. O perfil do Grand Danois mostra que estes traços são mais extensos.

Peso: 28 quilos
Altura: 50 centímetros
Constituição: forte
Pêlo: profuso, comprido;
　aconselha-se cuidados;
　regulares; cai muito
　em determinadas alturas
Cor: vermelho ou preto

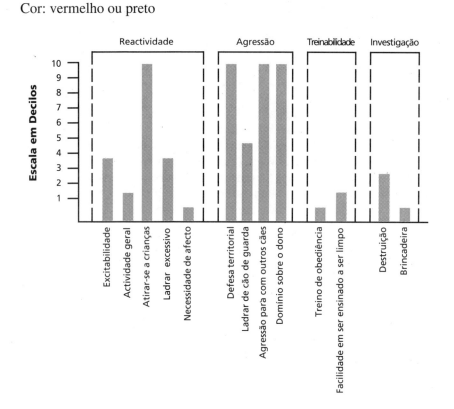

Chihuahua

Se procura o cão mais vivo e mais fogoso por cada grama do seu peso, o Chihuahua é provavelmente o caso. O Chihuahua é de todas as raças a mais pequena e encontra-se no quinto lugar a partir de cima, em actividade geral, tendo também uma classificação extremamente alta em todos os traços da reactividade.

Será melhor avisar as crianças que o visitam de que o Chihuahua é um cão verdadeiro e não um brinquedo — e um pouco irascível como tal — apesar do seu reduzido tamanho. A alta classificação do Chihuahua em atirar-se a crianças parece confirmar a ideia dominante de que não são bons para elas. No entanto, para um cão deste pequeno tamanho, a sua dentada não provocará verdadeiro dano a crianças mais crescidas. O perfil do Chihuahua inclui um alto valor não só em atirar-se a crianças mas também em ladar excessivo. Ainda que estes dois traços possam ser incomodativos, poderão não se fazer sentir se o seu tipo de vida for especialmente calmo e estável.

Em toda a agressão o Chichuahua tem uma alta classificação e o seu alto nível na tentativa para exercer domínio sobre o dono pode ser incómoda. Se está em vias de adquirir um Chihuahua, ponha a hipótese de escolher uma fêmea para atenuar a característica de domínio. Finalmente, as baixas classificações em destruição e brincadeiras são invulgares em cães muito pequenos. Ele poderá ser mais facilmente deixado só durante o dia do que as outras raças.

O Terrier West Highland White tem um perfil de raça semelhante ao do Chihuahua, embora o Westie tenha altos níveis tanto em brincadeira como em destruição. Se preferir uma versão menos agressiva do Chihuahua, mas que seja ainda um cão muito pequeno, o Maltês é um pouco mais treinável e poderá ser uma hipótese.

Peso: 2 quilos
Altura: 12,5 centímetros
Constituição: frágil
Pêlo: curto ou comprido;
sensível ao frio
Cor: várias

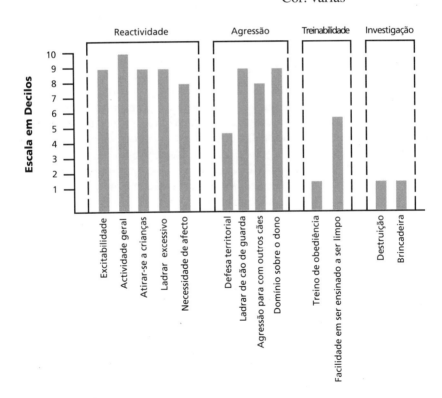

Cocker Spaniel

O Cocker Spaniel encontra-se muito perto do topo em necessidade de afecto, mesmo a seguir aos Caniches Toy e Miniatura, o que pode ser a principal razão que leva o Cocker a ser das raças que é mais frequentemente registada. Tirando a sua exigência de afecto, que é o único traço em que o Cocker se aproxima de uma classificação extema, tem uma posição média nas outras características de reactividade.

Ainda que o Cocker seja há muito um cão de família, não se excede nos traços muitas vezes preferidos pelas pessoas que querem um cão de família: um alto valor em treino de obdiência e brincadeira, e um baixo domínio sobre o dono assim como em atirar-se a crianças. Valores nestes traços, mais ao estilo da família, podem encontrar-se em Retrievers e Caniches, raças que também têm altos valores em necessidade de afecto. O Cocker encontra-se solidamente a meio dos traços de treinabilidade, destruição e brincadeira.

Os quatro Spaniels que têm perfil neste livro, o Breton, o Cocker, o Saltador Inglês e o seu pequeno e subcompacto modelo — o Maltês — reflectem maior disparidade do que os outros grupos convencionais como os Terriers, Hounds e Retrievers. Cada Spaniel tem uma classificação especialmente baixa em agressão, em relação a cães semelhantes. De facto, o que todos os Spaniels têm em comum é um baixo nível de agressão, ainda que vão do médio ao muito alto em treino de obediência e do médio ao alto em reactividade. Note, contudo, que alguns treinadores e criadores mencionaram a ocorrência de agressão atípica ou excessiva em alguns Spaniels, Cocker e Saltador Inglês. Os Spaniel Breton e Saltador Inglês excedem o Cocker em nível de treinabilidade. As raças mais pequenas são invariavelmente mais reactivas do que as maiores e, assim, não surpreende que o pequeníssimo Maltês seja mais reactivo do que o Cocker.

Peso: 12 quilos
Altura: 35 centímetros
Constituição: leve
Pêlo: ondulado, macio, comprido; cuidados regulares
Cor: preto, vermelho, cor de camurça

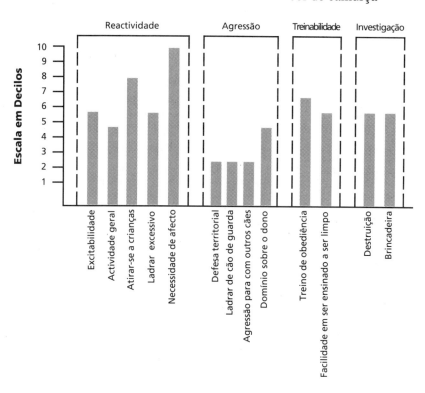

Collie

Para algumas pessoas o Collie é quase único no seu perfil de cão de família, mas com um nível de agressão que o torna num médio cão de guarda para protecção da casa. O Collie tem um certo número de traços de comportamento atraentes. Tem uma classificação moderada como cão de guarda que ladra, ainda que consiga atingir uma baixa pontuação em traços, por vezes incomodativos, de agressão para com os outros cães e de domínio sobre o dono.

A pontuação do Collie numa série de outros traços torná-lo-á de fácil convivência. Tem um alto índice em treino de obediência e em facilidade em ser limpo, médio em brincadeira e extremamente baixo, tanto em destruição como em tendência para se atirar a crianças. Uma outra coisa que se poderá exigir de um cão de família será uma classificação mais alta em necessidade de afecto. Ainda que o Collie seja bastante treinável, não estará à sua disposição durante todo o dia.

Uma outra raça que tem idênticas possibilidades como cão de guarda e que além disso tem um baixo índice de agressão para com os outros cães e de domínio sobre o dono é o Pastor Australiano. Esta raça é bastante diferente da do Collie nas suas altas pontuações em actividade geral e necessidade de afecto. O Retriever de Chesapeake Bay é moderado em traços de agressão, mas falta-lhe o toque final de uma maior agressividade em defesa da casa e uma agressão mais atenuada para os outros cães e pessoas da família que o Collie demonstra.

Peso: 30 quilos
Altura: 60 centímetros
Constituição: sólida
Pêlo: comprido, denso, liso, cuidados regulares aconselháveis; grande queda sazonal
Cor: cor de areia e branco, ou combinado quer com cinzento ou preto ou cinzento e preto

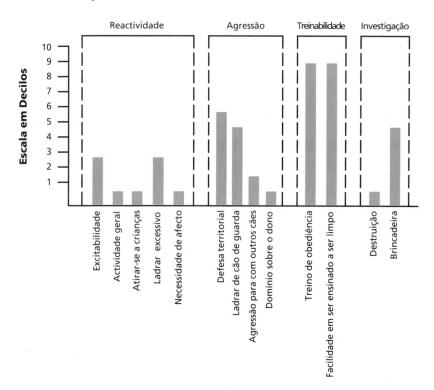

Corgi Galês, Pembroke

O Corgi Galês será mesmo o cão para os que querem um cão de guarda que também seja um simpático cão de família. O Corgi é invulgar no facto de ter um perfil de agressão bastante controlável. A sua alta classificação nos traços agressivos inclui altas pontuações nos traços mais relacionados com a protecção territorial, mas nos dois traços de comportamento tem uma classificação média em agressão para com os outros cães e baixa em domínio sobre o sono.

O Corgi também tem um alto índice de treinabilidade, devido em parte ao seu terceiro lugar a partir de cima na facilidade em ser ensinado a ser limpo. Também preenche uma outra prioridade familiar ao combinar um alto índice de brincadeiras com uma baixa destruição. Em toda a reactividade, o Corgi tem uma alta classificação média, sem traços de nível particularmente alto ou baixo. Por isso, uma família que escolhe esta raça pode esperar por uma média tendência para se atirar a crianças e um baixo nível de necessidade de afecto. A alta classificação do Corgi em traços de treino sugere que o dono poderá facilmente moldar estes traços segundo a sua vontade.

Nenhuma outra raça tem um perfil tão idêntico ao do Corgi, considerando especialmente o seu modesto tamanho. Ele é a versão familiar mais pequena, mais controlável, dos típicos cães de guarda ao ser tão treinável como estes mas sem contestar o seu domínio sobre o dono como eles. O Corgi é também brincalhão. O perfil mais próximo do Corgi é o do Caniche normal. Ele é mais baixo em toda a agressão mas tem pontuações mais altas em defesa territorial e no ladrar de cão de guarda. O Collie e o Pastor Australiano têm o mesmo tipo de traços agressivos do Corgi — a curva descendente de características, visível no gráfico. Com qualquer uma destas raças, se tem intenção de as utilizar com cães de guarda, escolha um macho. Se quiser reduzir a sua tendência para a agressão, uma fêmea servi-lo-á melhor.

Peso: 13 quilos
Altura: 27,5 centímetros
Constituição: média
Pêlo: curto
Cor: vermelho, fulvo, preto e castanho

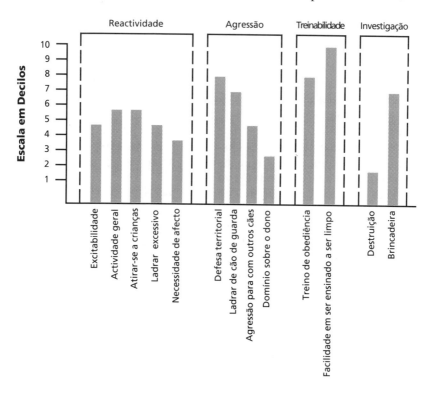

Dachshund

Muita da popularidade do Dachshund relaciona-se provavelmente com o seu moderado nível de reactividade, que é muito invulgar em cães tão pequenos, juntamente com o facto de ser um esplêndio companheiro e um cão de guarda de confiança. Muitas pessoas também consideram atraentes o aspecto do Dachshund e descobrem muitas vezes, com surpresa, que dentro da sua configuração existem uma série de tamanhos, até ao mais pequeno.

O Dachshund tem uma classificação francamente média nos traços de reactividade. Pediu-se aos nossos especialistas para avaliarem o Dachshund vulgar, concluindo-se que, quanto mais pequeno, maior é o seu nível de reactividade. Note a curva das quatro características de agressão, no gráfico complementar, que mostra um agradável padrão para os donos. Isto é, vai de um alto valor em defesa territorial até ao moderadamente alto em domínio sobre o dono. Em resumo, o Dachshund servir-lhe-á como cão de guarda mas, em certa medida, tentará dominá-lo.

O Dachshund é médio em brincadeira, mas o lado positivo das suas características parece acabar aqui. De todas as raças, é o segundo mais baixo em facilidade em ser ensinado a ser limpo e tem uma alta classificação em destruição. Se aspira a ser dono de um, alegre-se ao lembrar que estes dois traços são os menos previsíveis e que o ambiente tem uma função importante no desenvolvimento de ambos. Como aviso, no entanto, o Dachshund tem uma fraca classificação nos traços de treinabilidade. Ele poderá constituir um desafio. Ponha a hipótese de escolher uma fêmea para aumentar o potencial em facilidade em treino de obediência e ensino de limpeza.

Duas outras raças um tanto pequenas, o Beagle e o Pug, são parecidas com o Dachshund em toda a reactividade e facilidade de treino. Ambas são fracas em agressão assim como não servirão para cães de guarda. Lembre-se de evitar o Beagle devido ao seu ladrar excessivo, se gosta de calma. Se preferir um cão de tamanho médio, verá que vários, incluindo o Corgi Galês e o Terrier Pêlo de Arame, se encontram numa posição média em reactividade.

Peso: 9 quilos
Altura: 22,5 centímetros
Constituição: leve
Pêlo: curto
Cor: várias

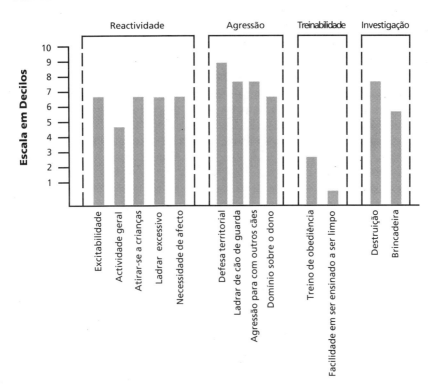

Dálmata

O Dálmata é certamente uma das raças de aspecto mais interessante, com um nome de tal modo sonante que foi usado no título de um filme de grande êxito *Os 101 Dálmatas*. E quem poderá imaginar outro cão que não o Dálmata como mascote de bombeiros? Como raça de tão alta evidência poderá ser surpreendente que o Dálmata tenha um perfil tão aquém da média.

Nenhum dos aspectos positivos ou negativos deste perfil é digno de especial atenção, mas muitas das subtilezas das classificações do Dálmata não são normalmente as preferidas. Por exemplo, o Dálmata é médio em traços de reactividade mas alto em tendência para se atirar a crianças e baixo em necessidade de afecto. Igualmente, ainda que seja médio em todos os traços agressivos, o perfil é alto em agressão para com os outros cães e em domínio sobre o dono. A alta classificação do Dálmata em destruição e a quarta mais baixa em facilidade em ser ensinado a ser limpo pode ser menos incomodativa num quartel de bombeiros do que numa casa. Lembre-se, contudo, de que estes traços são de todos os menos seguros em previsão. E a moderada classificação do Dálmata em treino de obediência poderá encorajá-lo a tentar moldar traços específicos de acordo com a sua preferência. Também poderá contar com a boa colaboração do Dálmata como protector da casa.

Apenas uma outra raça, o Weimaraner, é igualmente moderada em reactividade e em agressão e o Weimaraner é um pouco mais alto em reactividade. Estas são diferenças subtis, ainda que não sejam, provavelmente, significativas. O Boxer também tem tendência para ser moderadamente reactivo, mas excede o Dálmata em defesa territorial.

Peso: 20 quilos
Altura: 52,5 centímetros
Constituição: sólida
Pêlo: curto, lustroso; cuidados regulares aconselháveis; cai muito.
Cor: manchas pretas em fundo branco

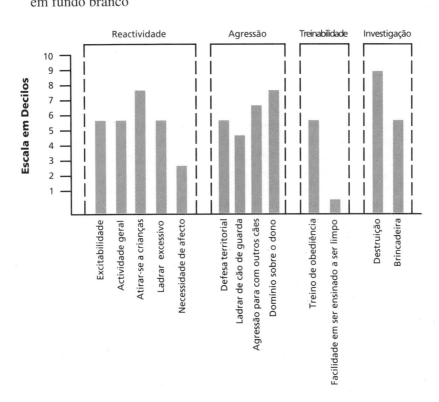

Doberman Pinscher

O Doberman Pinscher é o resumo do cão de guarda e do disciplinado protector. Tem uma classificação de topo em ser ensinado a ser limpo e a segunda a partir de cima em treino de obediência. O Doberman também se encontra entre as poucas raças de topo em defesa territorial e no ladrar do cão de guarda, dois traços importantes para a protecção territorial.

O perfil do Doberman pode ser melhor analisado em confronto com perfis semelhantes como os do Pastor Alemão, Rottweiler e Akita. O perfil do Pastor corresponde exactamente, excepto no facto de este ter uma classificação muito alta em destruição e alta em brincadeira, ao passo que a do Doberman é apenas média nestes dois traços. Outros em que difere ligeiramente do Pastor são os baixos níveis em excitabilidade e em ladrar excessivo, um nível mais alto em necessidade de afecto e mais alto índice em treino de obediência.O Akita e o Rotweiler diferem no aspecto em que manifestam reactividade e brincadeira muito baixas.

Se põe a hipótese de um cão de guarda que seja também um cão para a família, as quatro raças que acabaram de ser mencionadas podem ser mais agressivas e fortes e de domínio menos fácil do que poderá desejar. Mesmo com um nível moderado no exercício de domínio sobre os donos, estas raças exigem do dono e da família deste uma vontade firme em disciplinar o cão sempre que haja uma confrontação com o domínio.

Algumas outras raças estão menos adaptadas como cães de guarda mas ainda conservam esta boa tendência para serem bem treinadas e atingirem altos níveis em defesa territorial e no ladrar de cão de guarda. O Corgi Galês e o Caniche são duas raças treináveis com apenas modestos níveis em domínio sobre o dono e em agressão para com os outros cães, mas altos em defesa territorial e em ladrar de cão de guarda.

A escolha de uma fêmea Doberman é certamente um modo de reduzir a tendência desta raça para ser agressiva para com outros cães. Dados os altos níveis atingidos pelo Doberman em ladrar de cão de guarda e em protecção territorial, pode esperar-se que uma fêmea se exceda em protecção à casa.

Peso: 32 quilos
Altura: 67,5 centímetros
Constituição: sólida
Pêlo: curto, macio; ligeira queda
Cor: preto, vermelho, azulado

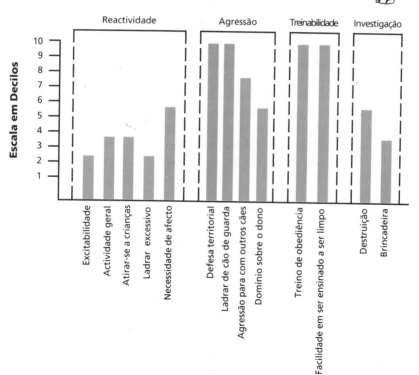

Elkhound da Noruega

O Elkhound da Noruega foi criado para caçar alces durante os Invernos árcticos, não surpreendendo que se pareça muito com os cães-esquimó do Norte. No entanto, ao contrário destes ou dos que se parecem com o Akita que excedem numa ou noutra forma de agressão, o que encontra no Elkhound da Noruega são baixos índices de traços agressivos que são os traços mais característicos dos cães caçadores. E em conjunto com a sua baixa a moderada agressão, o Elkhound situa-se no último decilo em ladrar de cão de guarda e é apenas médio em defesa territorial.

Apesar deste baixo número em agressão, é vulgar o Elkhound ser referenciado como cão de guarda. Ainda que seja verdade que quase todas as raças servem de certo modo como cães de guarda, o Elkhound não sobressai neste aspecto segundo as classificações dos nossos especialistas. Qualquer que seja o seu comportamento, o Elkhound não parece ser o cão com que alguém se queira meter, o que serve para desanimar. O Elkhound pode simplesmente representar o papel de cão de guarda o que é suficiente para desempenhar essa função.

O Elkhound da Noruega apresenta uma reactividade e agressão satisfatoriamente baixas. Se não está familiarizado com o comportamento desta raça, ela pertence ao mesmo grupo geral do famoso Sabujo. Em relação a raças idênticas, o Elkhound tem um baixo nível de excitabilidade, actividade geral, atirar-se a crianças, ladrar excessivo e necessidade de afecto, que são todos os traços que compõem uma baixa reactividade. Em seu favor como um simpático cão para a família certa, o Elkhound situa-se dentro do baixo ao moderado em destruições e médio em brincadeira.

Se gostar de realçar ligeiramente os traços de reactividade, considere o Boxer como alternativa. E se um alto índice em treinabilidade constitui uma prioridade, tente o Retriever do Labrador que, por outro lado, se situa mais ou menos como o Elkhound em reactividade e agressão.

Peso: 23 quilos
Altura: 50 centímetros
Constituição: sólida
Pêlo: espesso, em camadas; grande queda
Cor: cinzento

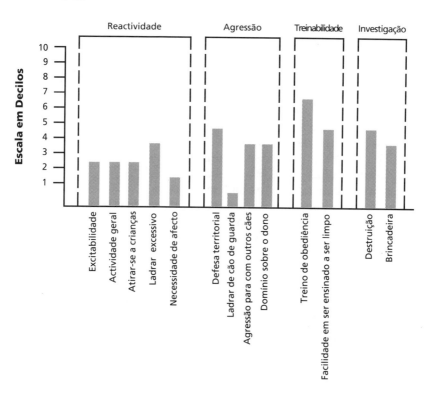

Fox Terrier

O Fox Terrier foi criado para afugentar as raposas dos seus esconderijos, focando nelas toda a sua atenção, e a sua função é uivar e ladrar. O perfil do Terrier parece ser ideal para perseguir raposas mas muito menos apropriado se quiser um cão educado, atento e obediente.

Quando uma raça se situa no extremo, em oitavo lugar dos treze traços básicos de comportamento, é necessário referenciá-lo. O Fox Terrier foi classificado pelos nossos inquiridos como sendo de todas as raças a mais excitável, a segunda mais alta em ladrar excessivo e a terceira mais alta em actividade geral. Toda esta reactividade é sem dúvida útil para uma constante persistência durante uma caçada à raposa. Com toda a sua classificação muito alta em toda a agressão, o Fox Terrier é a segunda raça mais alta em agressão para com os outros cães e é muito alta no exercício de domínio sobre o dono.

Se quer para a sua casa um cão muito fogoso, o Fox Terrier é de considerar. No entanto, é de esperar que esta raça necessite de treino de obediência. Pode considerar o seu treino como um desafio, uma vez que o Fox Terrier se encontra entre as três raças mais baixas em treino de obediência e em facilidade em serem ensinadas a ser limpas e é a terceira mais alta em destruição. Se tem um pequeno apartamento sem quintal, considere se está preparado para se confrontar com um possível problema, em termos de destruição, e se está, de que modo. Sem dúvida que evitar o problema pode ser a melhor solução. Mas o Fox Terrier é um cão pequeno e assim, o seu impacte no seu tipo de vida através dos seus altos índices em reactividade, agressão e destruição, serão muito menores do que se pertencesse a uma raça maior. E como com as outras raças, ao escolher uma fêmea poderá reduzir o impacte dos traços agressivos e aumentar a treinabilidade do cão.

Se resolver que um Fox Terrier é mais vivo do que aquilo que quer, mas continua a querer um cão pequeno, o pequenino Silky Terrier, descrito mais à frente, tem valores mais favoráveis no exercício de domínio sobre o dono, treino de obediência e destruição. Ao escolher um cão maior como o Terrier Pêlo de Arame, eliminará sem dúvida o índice extremamente alto em reactividade. Os índices do Pêlo de Arame em facilidade de treino e domínio sobre o dono são também melhores para a maioria dos donos. Por fim, considere o Terrier Cairn que tem índices menores do que o Fox Terrier e parece um pouco mais moderado em todo o quadro das suas características, excepto no ladrar excessivo, uma reminiscência dos seus tempos de caça às lontras.

Peso: 8 quilos
Altura: 37,5 centímetros
Constituição: muito leve
Pêlo: duro, tipo arame, ou macio; cuidados regulares
Cor: branco com preto ou castanho

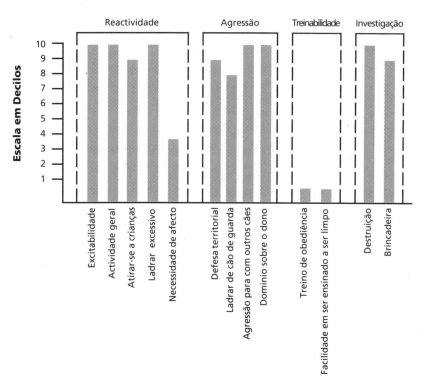

Galgo Afegão

O Galgo Afegão é uma das raças de aspecto mais distinto, que é sem dúvida a principal razão por que as pessoas são atraídas por ela. O Afegão não é suficientemente activo para ser considerado incomodativo, nem é extremamente baixo em reactividade como outros cães de caça, como o Sabujo ou o Basset. No conjunto, é moderadamente alto em agressividade. A alta classificação de Afegão em defesa territorial sugere que pode contar com ele como cão de guarda. Esta raça é suficientemente grande e agressiva e a sua baixa classificação de cão-de-guarda que ladra não lhe trará qualquer problema, se a protecção da propriedade é de grande importância para si.

O Afegão não tem o perfil de comportamento que se possa considerar ideal para estar perto de crianças. A sua alta tendência para se atirar a estas e a sua pouca necessidade de afecto são as duas principais razões que levam à sua classificação. Como um animal de estimação para adultos, o Afegão é para pessoas que querem empenhar-se profundamente no treino de obediência e manisfestar a sua firmeza sobre o cão. O Afegão situa-se na quarta posição mais alta em relação à sua tendência para exercer domínio sobre o dono, a terceira mais baixa em aceitação de treino de obediência e tem uma alta classificação em destruição. Se é um entusiasta por esta raça mas quer realçar o impacte do seu treino de obediência e diminuir a sua tendência para destruir, considere a hipótese de escolher uma fêmea.

Para o dono que goste de passar o tempo a ocupar-se do seu cão ou da sua cadela e que não se importe de estar constantemente a controlar o animal, esta pode ser a raça apropriada. Se não está completamente preparado para o desafio de um Afegão, o Boxer é uma raça semelhante que se situa mais favoravelmente na aceitação do treino de obediência, nas tendências para a destruição, domínio sobre o dono e em se atirar a crianças.

Peso: 27 quilos
Altura: 67 centímetros
Constituição: média
Pelagem: longo, sedoso; necessitando de cuidados regulares
Cor: castanho, preto ou a combinação das duas

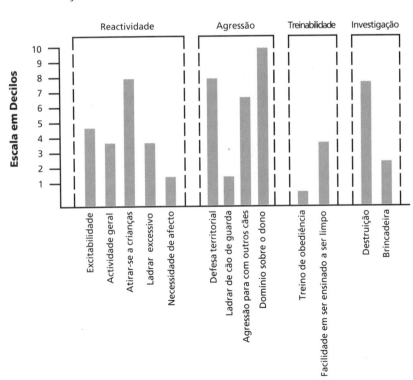

Golden Retriever

O perfil do Golden Retriever justifica a sua reputação como um excelente cão de família. O Golden tem o índice mais baixo de todas as raças em atirar-se a crianças e o segundo mais baixo em ladrar excessivo. O seu bem conhecido alto nível em necessidade de afecto sem dúvida que aumenta o seu atractivo como um cão para crianças. Por outro lado, foi a raça classificada em último lugar, tanto em agressão para com os outros cães como em domínio sobre o dono, não entrando em conflito com pessoas ou com outros cães. A sua falta assim ameaça agressiva é valorizada ainda mais pelo seu alto índice em treino de obediência. Finalmente, o Golden manifesta outra combinação preferida pelas famílias — uma baixa destruição a par de um alto índice de brincadeira, apesar da baixa actividade e excitabilidade.

Uma desvantagem do Golden, para muitas pessoas, é a sua baixa classificação em defesa territorial e em ladrar como cão de guarda. A sua combinação em facilidade de treino e baixa agressão, ainda que não seja própria para um cão de guarda, funciona bem em algumas instituições infantis. Mas o seu nível em brincadeira será mais uma desvantagem para os mais velhos ou para pessoas muito doentes ou incapacitadas.

É um desafio sugerir outras raças que possam estar próximas das particulares combinações classificativas do Golden. Talvez o Vizsla seja o que mais se conjuga com todo o perfil do Golden. Deverá conhecer esta raça se gostar de um cão mais invulgar. O Pastor Australiano também partilha de muitos dos traços do Golden. Promete mais do que este como defensor do território e como cão de guarda devido ao seu nível um pouco alto em agressão.

Peso: 32 quilos
Altura: 58 centímetros
Constituição: sólida
Pêlo: comprido, denso; são aconselháveis cuidados regulares
Cor: dourado

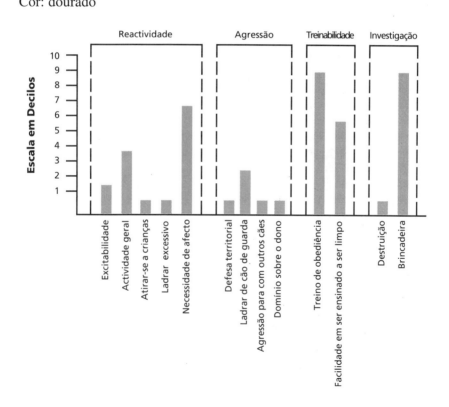

Grand Danois

O enorme Grand Danois com a sua nona posição em defesa territorial, tem poucos que se lhe comparem em protecção à casa. Felizmente, os outros traços do Danois, relacionados com a agressão são suavizados com qualquer coisa como a sua adequada disciplina, sendo a sua classificação média em tendência para exercer domínio sobre o dono que fará dele um animal dócil.

Como será esperar de uma raça tão grande, criada historicamente como cão de guarda, o Grand Danois tem uma baixa, mas firme, classificação em reactividade geral que resulta numa pontuação total muito baixa. Em seu benefício, o Grand Danois difere da maioria dos cães semelhantes ao classificar-se moderadamente em receptividade ao treino de obediência.

Alguém que ponha a possibilidade de adquirir um cão tão grande, deverá analisar não só os seus traços de comportamento específicos mas também as implicações do seu tamanho. O Danois tem apenas um índice médio de destruição e, assim, este factor não é motivo para preocupação de maior. Mas, um cão moderadamente destruidor que pesa 65 quilos poderá, obviamente, causar mais prejuízos do que o Fox Terrier com a sua superior classificação, mesmo que lhe seja dado muito tempo para desempenhar a tarefa. E para além disso, a agressão cometida por um cão enorme pode criar uma série de problemas diferentes das arranhadelas de um cão pequeno e refilão. E mais, cuidar de um Danois ou de qualquer outro cão extraordinariamente grande com um tal potencial de agressão ou destruição, exige uma significativa tendência do dono para ser responsável e poder exigir um comportamento aceitável do cão. Quem não seja capaz de tal empenho deverá considerar outras raças menos exigentes a este respeito.

Como uma alternativa, o São Bernardo tem um perfil muito parecido com o do Danois, mas tem índices mais baixos em destruição e no ladrar do cão de guarda e é um pouco mais alto em domínio. Se preferir o temperamento forte e silencioso do Danois — mas quer uma versão ligeiramente mais pequena — o Malamute do Alasca tem um perfil semelhante, ainda que seja muito alto em destruição. Uma versão em metade do tamanho do Danois, o Boxer, é ligeiramente mais reactivo do que o Danois sendo, no entanto, bastante semelhante a este.

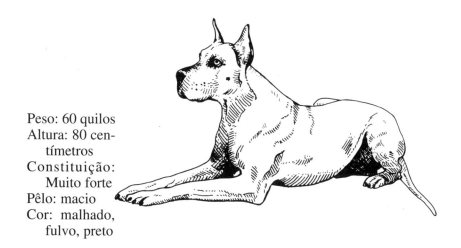

Peso: 60 quilos
Altura: 80 centímetros
Constituição: Muito forte
Pêlo: macio
Cor: malhado, fulvo, preto

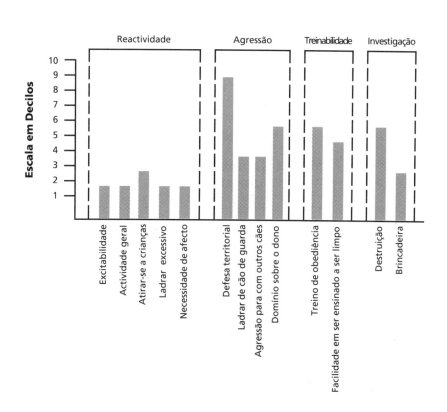

Husky da Sibéria

O Husky da Sibéria representa, para a maioria das pessoas, a epítome de uma raça rude, trabalhadora, inteligente. O seu perfil de comportamento, de baixa reactividade, falta de entusiasmo para treino de obediência e necessidade de afecto abaixo da média, confirmam a sua reputação.

O Husky é das poucas raças com uma classificação superior em tendência para exercer domínio sobre o dono e em agressão para com outros cães. Se deseja manter-se firme perante as confrontações com um cão enorme sem recuar, o Husky, ou outro cão esquimó como o Malmute do Alasca e o Samoiedo, pode ser o cão que lhe sirva. Mas se se assusta à primeira rosnadela de um cão para uma criança que mal sabe andar ou para si, será melhor escolher uma raça que tenha uma pontuação mais baixa em domínio sobre o dono.

Os que ficam impressionados com as qualidades de rudeza do Husky podem ficar surpreendidos ao saber que de todas as raças ele é o segundo mais alto em destruição geral. Ainda que a destruição não seja o traço de maior previsão, vale a pena registar esta pontuação, especialmente se vive num pequeno apartamento sem um espaço ao ar livre capaz para o cão.

Se escolher um Husky, ele será capaz de o servir bem em protecção à casa, apesar da sua baixa classificação em ladrar de cão de guarda. Os nossos especialistas têm tendência para sugerir que tanto o Husky como o Malmute hesitam pouco em atacar estranhos e perdem pouco tempo a ladrar, o que confirma a sua imagem de força silenciosa e reservada.

Nenhum dos cães esquimó é muito brincalhão, mas o Husky situa-se no quarto decilo, a classificação mais alta destes cães. Nenhuma destas raças necessita de demasiado afecto, no entanto, e por isso, antes de escolher um Husky, tenha a certeza de que não idealiza um cão que queira ao seu dispor todo o dia. Esta raça pode estar mais predisposta a prestar a maior parte da sua atenção a outros cães.

Se a moderada reactividade e alta protecção territorial do Husky o atraem mas quer um cão mais pequeno, pode ser um problema. Todas as raças com modesta reactividade são grandes. Se tem de ter um cão mais pequeno, a melhor escolha poderá ser um Dachshund ou um Corgi Galês. O Dachshund partilha da mesma alta agressão do Husky, tem vários tamanhos, e situa-se no oitavo decilo em destruição. O Corgi é uma versão mais facilmente treinável e menos destruidora do Dachshund.

Peso: 23 quilos
Altura: 55 centímetros
Constituição: média
Pêlo: espesso; cai muito
Cor: variadas, focinho com marcas

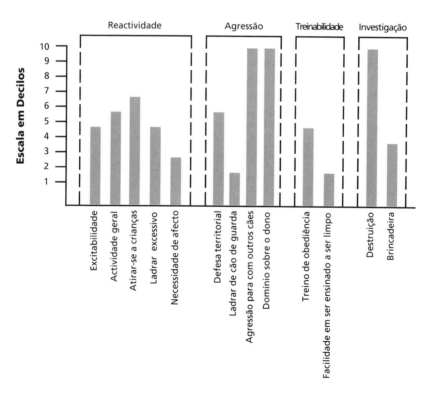

Keeshond

O Keeshond é uma outra raça de cão esquimó que é dócil, fácil de treinar e suficientemente activa para constituir uma parte importante da vida familiar, de acordo com os nossos especialistas. O seu perfil do comportamento reflecte traços de reactividade e agressão próximas de uma média, senão baixa, actividade geral, tendência para rosnar a crianças, defesa territorial, domínio sobre o dono e destruição. O Keeshond parece ser assim um cão facilmente treinável, compatível com o ambiente familiar.

É difícil prever, a partir do seu perfil, os problemas futuros. Os cães são, em geral, utilizados pela maioria das pessoas para serem eficazes cães de guarda e, assim, um índice médio neste traço é talvez suficiente para guardar e detectar intrusos. Poderá, sem dúvida, obter o máximo do potencial em defesa territorial ao escolher um macho. Também poderá tirar partido do índice mais alto do Keeshond, o treino de obediência, para ter um cão bem educado e para aumentar a sua protecção territorial, ou para fazer baixar o seu índice médio em ladrar excessivo, se gosta de calma.

Se prefere evitar totalmente o contacto com a agressão, existem outras raças com um interessante nível de reactividade e um agressão mais baixa. Como a maioria das pessoas sabem, o Golden Retriever gosta de todos e, uma raça menos conhecida, o Vizsla, é também amigo de quase todas as pessoas desempenhando ainda a função de cão de guarda.

Ao consultar qualquer outra literatura sobre cães, verá provavelmente que outras fontes atribuem agressão e actividade excessiva ao Keeshond e algumas vezes consideram-no um notável cão de guarda, ao passo que a classificação feita pelos nossos especialistas sugere que ele vai apenas do baixo ao médio neste traços. Este vasto leque de opiniões contrárias poderá reflectir uma certa diversidade genética dentro da raça. As nossas classificações são provenientes de especialistas de toda a parte dos Estados Unidos, divididos igualmente entre homens e mulheres, veterinários e juízes de obediência e, assim, estas avaliações são provavelmente as mais exactas para a raça em geral.

Peso: 18 quilos
Altura: 45 centímetros
Constituição: média
Pêlo: profuso, espesso; sem cheiro; são aconselháveis cuidados regulares
Cor: cinzento

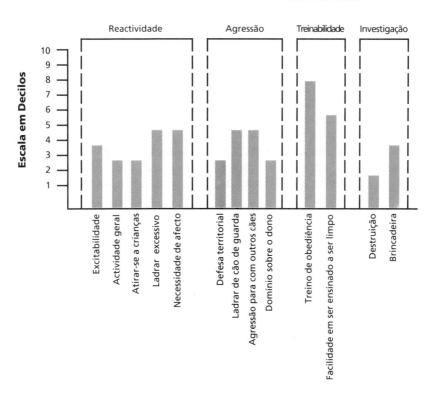

Ilhasa Apso

O aspecto enternecedor do Lhasa Apso e o seu nível muito alto de necessidade de afecto fazem dele o clássico lulu. Mas note que o Lhasa tem uma classificação de 9 na tendência para exercer domínio sobre o dono. Estes traços predominantes colocam muitas vezes os donos do Lhasa numa situação confusa, porque hesitam em corrigir ou castigar um cão tão engraçado quando ele os desafia. Se evitar esta armadilha e não desistir de corrigir firmemente o cão, o Lhasa poderá vir a ser o lulu dos seus sonhos. Se não, será melhor procurar uma raça mais alta em treino de obediência. O perfil do Lhasa adapta-se melhor a uma casa com adultos do que a uma família com crianças pequenas, como pode observar a partir da sua alta tendência para rosnar a crianças e baixa em brincadeira. Ele é relativamente médio nos dois traços relacionados com a protecção da casa territorial e ladrar do cão de guarda.

Em geral, o Lhasa caracteriza-se por ter altos traços de reactividade, baixos em aceitação de treino de obediência e médios em agressão. No sentido mais lato, o Lulu da Pomerânia tem um perfil semelhante ao do Lhasa mas tem um índice mais baixo em necessidade de afecto e em domínio sobre o dono e mais alto em rosnar a crianças e em toda a destruição. Mais ainda que o Lhasa, o Pequinês tem índices muito mais baixos em destruição. Se estiver interessado em trocar um pouco mais de facilidade em treino por uma menor agressão, o Maltês é uma outra raça muito pequena que poderá considerar. Segundo o padrão geral, as raças pequenas demonstram níveis mais altos em reactividade do que as maiores: o que é sacrificado é a aceitação de treino de obediência.

Dentro do universo dos cães pequenos, o Lhasa tem um perfil bastante moderado que atrairá muitos donos e o seu temperamento pode ser moldado, tornando-se num companheiro bem comportado.

Peso: 7 quilos
Altura: 25 centímetros
Constituição: muito leve
Pêlo: profuso, comprido; cuidados regulares
Cor: dourado, preto, cinzento ou branco

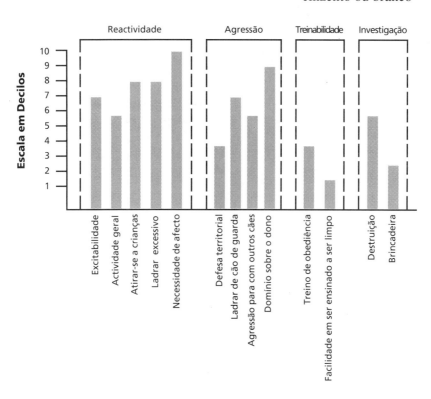

Lulu da Pomerânia

Todo o perfil do Lulu da Pomerânia aponta para uma alta reactividade, baixa treinabilidade e média agressão. É um dos cães mais pequenos e geralmente, quando mais pequena é a raça, maior é o nível de reactividade. O facto de ser apenas classificado no oitavo decilo em excitabilidade é relativamente modesto para um cão que pesa dois quilos e meio e, de facto, alguns são muitos calmos.

Devemos sublinhar que o Lulu da Pomerânia teve uma classificação superior no factor atirar-se a crianças. O seu baixo índice em treino de obediência e alto em destruição são mais motivos de preocupação. Em seu abono resta apenas que o Lulu da Pomerânia é moderado nos traços agressivos e a extensão do dano que poderá causar ao morder é limitada pelo seu tamanho. Quem sabe se as crianças o provocam, talvez por pensarem que não precisam de o respeitar como fariam a uma raça maior. Também convém lembrar que este pequeno cão cabe num pequeno apartamento, mas que poderá ter um certo impacte físico apesar do pequeno tamanho, devido ao seu alto nível de destruição.

Se se sente intimidado pelo baixo índice do Lulu da Pomerânia em treino de obediência, o Maltês é um outro cão muito pequeno que poderá considerar. Um outro cão muito pequeno, o Chihuahua, tem uma fraca destruição e é mais forte em reactividade e nos traços agressivos do que o Lulu da Pomerânia. Se prefere uma raça maior, o Cocker Spaniel e o Boston Terrier são duas raças pequenas mais facilmente treináveis.

Peso: 2,5 quilos
Altura: 17,5 centímetros
Constituição: frágil
Pêlo: comprido, denso; cauda espessa, são aconselháveis cuidados regulares; grande queda
Cor: laranja, cor de areia, preto, castanho

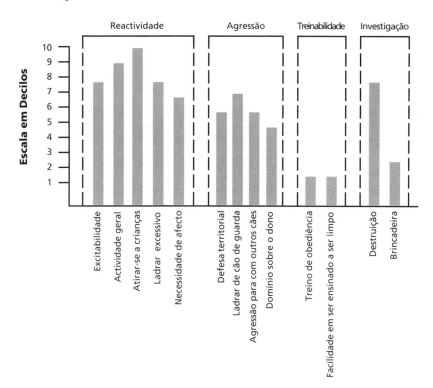

Malamute do Alasca

O Malamute do Alasca é o maior do que Husky da Sibéria ou do que o Samoiedo, duas outras raças semelhantes de cães de trenó. Sendo a maior raça de cão de trenó o seu nível de reactividade é, o que não deve surpreender-nos, mais baixo do que o das outras duas raças. Se se sente particularmente atraído por cães grandes que vivem na rua mas necessita de um cão calmo, a baixa classificação do Malamute em ladrar excessivo assim como de ladrar de cão de guarda tornam-no recomendável para si. No entanto, repare nos seus altos níveis em destruição e em agressão para com os outros cães e veja se está preparado para manter a obediência desta raça. A sua classificação em todos os traços de treinabilidade é a mais alta de todos os cães de trenó e o seu domínio sobre o dono só se situa no sétimo lugar da escala. Apesar de tudo, poderá vir a ser bem sucedido com esta raça se seguir um rigoroso programa de obediência.

As diferenças de comportamento que normalmente se verificam entre machos e fêmeas certamente que também aparecem no Malamute e em outros cães do mesmo tipo. Numa fêmea, poderá observar um menor exercício do domínio sobre o dono e menos agressão para com os outros cães e uma maior aceitação do treino. Se considerar a hipótese de vir a ter um Malamute, uma fêmea será de mais fácil integração na sua casa. A pronunciada tendência do Malamute para a destruição pode ser um pouco reduzida pela escolha de uma fêmea, mas não espere milagres. Será melhor pôr a hipótese de adquirir mobiliário barato ou pôr o cão a viver lá fora.

Se pensa num Malamute, analise também os perfis de comportamento do Husky da Sibéria e do Samoiedo, porque as diferenças entre os perfis destas três raças são surpreendentemente ténues. E se privilegia este perfil mas necessita de um animal mais pequeno, pense em duas raças que oferecem perfis um pouco semelhantes, o Dachshund e o Corgi de Gales. Em vez de terem um baixo nível nos traços da reactividade e na brincadeira, como o Malamute, eles têm pelo menos um forte médio. Em treinabilidade, o Dachshund parece-se com os cães de trenó pela sua baixa classificação, enquanto o Corgi tem um alto nível. A escolha de uma destas duas raças permite-lhe reduzir o tamanho do seu animal de estimação.

Peso: 38 quilos
Altura: 62 centímetros
Constituição: forte
Pêlo: denso; relativamente comprido, grande queda sazonal
Cor: cinzento a preto com branco

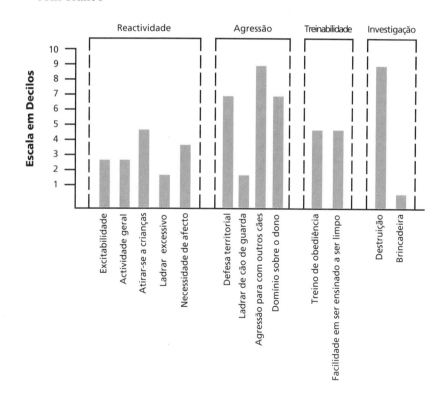

Maltês

Muitas pessoas são atraídas pelas raças mais pequenas porque querem um cão de fácil transporte, ou porque querem apenas um cão que exija um mínimo de comida, espaço e cuidados. Mas, encontrar um cão pequeno que não tenha altos índices de reactividade ou agressão e baixos em facilidade de treino, leva algum tempo. O Maltês é um cão muito pequeno que tem moderados traços de treinabilidade e suficientemente baixos em agressividade. Talvez porque seja um Spaniel Toy, o Maltês tem esta combinaçãode perfis que é muito rara em cães pequenos.

O Maltês tem um temperamento bastante moderado e não tem valores extremos. Como a maioria das raças muito pequenas, tem uma classificação alta em toda a reactividade, mas o seu nível de actividade geral é apenas médio. E ainda que toda a sua agressão seja baixa, no ladrar de cão de guarda tem uma classificação média muito alta. A sua baixa tendência para a destruição também o torna recomendável. Certamente que, sempre que encontrar uma raça que se pode meter no saco das compras em cima do leite e dos ovos, o tamanho do cão é a sua característica mais evidente. Especialmente devido à sua classificação em treino de obediência e ao seu controlável nível de agressão, encontrará crianças que pensam que ele é, na verdade, um gato que adorará passear no carrinho das bonecas. Este engano pode custar caro porque o Maltês tem um índice muito alto no factor atirar-se a crianças.

Uma outra raça que é de considerar, se gosta do perfil do Maltês, é um outro Spaniel, o Cocker. Como sabe, a primeira diferença entre estas duas raças é que o Cocker, ainda que maior, é mais baixo em reactividade. O Shih Tzu é uma outra raça com um perfil semelhante em reactividade e agressão mas com índices mais altos na área da treinabilidade.

Peso: 2,5 quilos
Altura: 15 centímetros
Constituição: débil
Pêlo: comprido, sedoso, abundante; cai pouco com cuidados regulares
Cor: branco

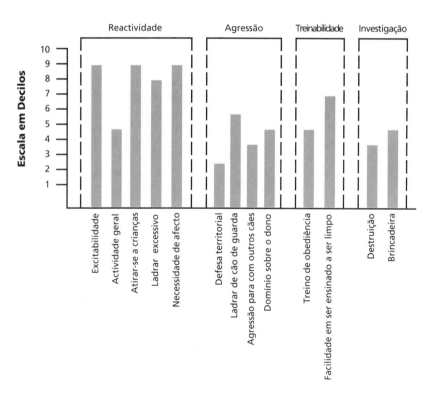

Pastor Alemão

O Pastor Alemão é o clássico cão de guarda, o que pode explicar a sua grande popularidade. A reputação do Pastor tem fundamento nos seus índices de 10 em ladrar de cão de guarda e em defesa territorial. O Pastor ocupa um lugar à parte em relação às outras raças que também têm altos índices em ladrar de cão de guarda e em defesa do território, por se classificar mais alto em toda a reactividade e destruição.

O Pastor não é para os que têm medo e que viram costas a uma pequena rosnadela, ou que não gostam de se confrontar com a disciplina. O seu comportamento de cão de guarda está ligado a toda a alta agressão, particularmente para com os outros cães e com a sua grande tendência para resistir à autoridade imposta pelo dono. Dados os superiores índices do Pastor em facilidade de treino de obediência, a relação cão-dono tem mais possibilidades se for dado ao Pastor um sistemático treino de obediência.

Devido à grande popularidade desta raça e à variedade de funções que desempenha como cão de guarda, guia de cegos e como cão de família, é de prever que haja grandes variações de um cão para outro.

É indispensável explorar a linha genética de um Pastor que pense adquirir.

Se o temperamento do Pastor o atrai mas gostaria de suavizar as suas tendências agressivas e de destruição, ponha a hipótese de escolher uma fêmea. E se a alta destruição o preocupa verdadeiramente, outras duas raças, o Akita e o Rottweiler, têm índices baixos neste traço.

Peso: 34 quilos
Altura: 62,5 centímetros
Constituição: forte
Pêlo: denso; cuidados regulares aconselháveis
Cor: castanho, preto e castanho dourado

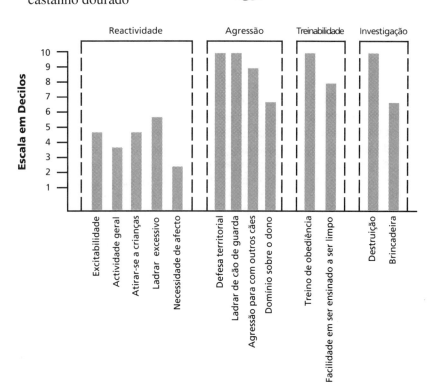

Pastor Australiano

Poderá sonhar com um cão tão obediente que parece ler o seu pensamento e antecipar os seus desejos e que nunca conteste, virtualmente, o seu domínio ou o dos seus filhos. A raça que pode aparecer mais perto deste ideal é o Pastor Australiano, que aparece à frente de todas as raças em treino de obediência e no segundo lugar mais baixo pela sua tendência para exercer domínio sobre o dono. No total, esta raça tem uma baixa classificação em agressão mas ainda se mantém acima da média em defesa do território e como cão de guarda que ladra.

O perfil de comportamento sugere que esta raça seria uma boa escolha se quisesse um afável cão de guarda. Ele defenderá o seu território e ladrará a estranhos, ainda que não se mexa para o constestar a si ou aos outros cães ou para se atirar a crianças, segundo os nossos especialistas. Um dono que queira fortelecer os aspectos de cão de guarda do Pastor poderá escolher um macho e não terá de enfrentar uma desenfreada competição.

A baixa classificação do Pastor Australiano, em relação aos traços da reactividade, reflecte-se na sua quarta posição mais baixa no total da excitabilidade e nos níveis muitos baixos no que se refere a atirar-se a crianças e ao ladrar excessivo, embora o Pastor tenha um alto nível em actividade geral e na sua necessidade de afecto. A combinação, por um lado, de alto nível de actividade com brincadeira e, por outro, de baixa excitabilidade e destruição, sugere que é razoável esperar que os cães desta raça sejam companheiros enérgicos e prontos, ainda que calmos e não demasiados vigorosos.

Se o seu apreço vai para o perfil do Pastor mas prefere um cotado ainda mais baixo em agressão, o Golden Retriever será o seu melhor candidato. Os perfis do Caniche, do Pastor de Shetland e do Corgi de Gales são semelhantes ao do Pastor Australiano no que respeita à defesa territorial, à baixa tendência para dominar o dono e características de treinabilidade, destruição e brincadeira, mas estes cães classificam-se um pouco acima do Pastor no que se relaciona com a reactividade no seu conjunto e com os traços agressivos.

Peso: 18 quilos
Altura: 50 centímetros
Constituição: média
Pêlo: Médio
Cor: cinzento, preto, branco, e mesclado com castanho

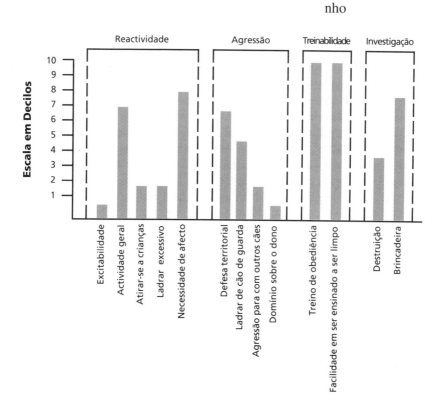

Pastor Inglês

Muitos dos que encaram a perspectiva de serem donos, são atraídos pelo Pastor Inglês por causa da sua pelagem. Talvez porque apresenta um aspecto único, também tem um perfil único. No entanto, o Pastor Inglês é moderadamente baixo em reactividade, em traços agressivos e de treinabilidade, assim como, nas suas características específicas, apresenta um índice muito baixo sobretudo no ladrar excessivo, que é o mais baixo, sendo apenas médio em necessidade de afecto. Esta moderada necessidade de afecto facilitará muito as sessões de tosquia a que será sujeito.

Dados os valores abaixo da média que os nossos especialistas atribuiram ao Pastor Inglês em defesa territorial é difícil considerar esta raça como cão de guarda, a menos que espere que o seu aspecto sirva para dissuadir. É um cão com um tamanho impressionante e a maioria das pessoas respeitam-no como se ele fosse um cão de guarda mais eficaz.

Apesar da sua aparência terna, o Pastor não é necessariamente uma raça de família — outra têm maior tendência para tal, com as suas combinações de baixo domínio e facilidade em treino de obediência. No entanto, o valor em treino de obediência que lhe é conferido está bem acima do atribuído aos seus semelhantes Basset e Buldogue, que se classificam bem no fundo desta característica. Note também que o índice do Pastor em tendência para se atirar a crianças pode ser demasiado alto para suscitar confiança. Uma vez que tem uma tendência para a destruição moderamente alta, deverá querer tomar as devidas precauções contra este tipo de problema.

O Elkhond da Noruega é uma outra raça um pouco moderada mas com uma classificação média em treinabilidade. Se gostar de um cão moderadamente treinável, com uma reactividade semelhante à do Pastor, mas que permita proteger a casa, considere o Boxer. O Weimaraner que é um pouco mais alto em reactividade e em agressão do que o Pastor, tem valores médios estas áreas.

Peso: 43 quilos
Altura: 60 centímetros
Constituição: forte
Pêlo: comprido, profuso; necessita de muitos cuidados, queda ligeira
Cor: azulado e branco

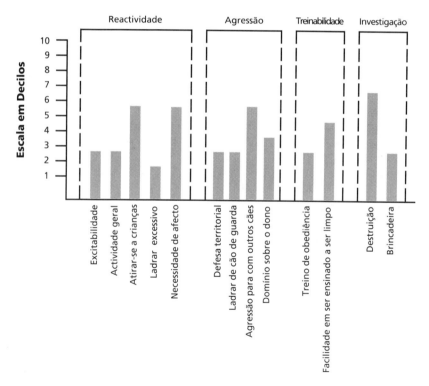

Pastor de Shetland

O Pastor de Shetland tem todas as características que associamos a um companheiro canino bem educado e terno. Classificado em terceiro lugar a partir de cima, em treino de obediência e em terceiro lugar a partir do fim em domínio sobre o dono, e com altos índices em necessidade de afecto, brincadeira e de fácil aprendizagem na limpeza, o Shetland quase constitui o modelo do que pode ser um cão bem educado e de fácil treino.

A raça com perfil mais parecido com o do Shetland é o Pastor Australiano. Olhe para o perfil do Australiano para ver o que o Shetland também tem para oferecer e onde se deve precaver. Ambas as raças são idênticas por serem extraordinárias em treino de obediência, extremamente baixas em tendência para dominarem e altas em necessidade de afecto. Como é de esperar, ambas são extraordinárias participantes em provas de cães pastores. O Shetland combina estes traços com um potencial mais forte de protecção à casa do que o Australiano — daí que as tendências agressivas do Shetland estejam canalizadas para a protecção à casa — mas é um pouco mais reactivo, especialmente em atirar-se a crianças e em ladrar excessivo.

De acordo com os nossos especialistas, o ladrar excessivo não é um traço que possa ser suprimido pela escolha do sexo, mas a tendência para se atirar a crianças pode ser menos frequente numa fêmea. O Shetland será, obviamente, um excelente cão de família, especialmente se for integrado numa família com crianças suficientemente crescidas para não o provocarem e levarem a atirar-se. As crianças mais velhas devem adorar treinar o Shetland, e a sua brincadeira proporciona uma notável interacção com estas para os que estejam interessados.

O Shetland é mais pequeno do que o Pastor Australiano. Se quer um cão ainda mais pequeno, o perfil do Shih Tzu é bastante parecido com o do Shetland, sem os seus extremos. Por exemplo, o Shih Tzu permanece baixo no domínio sobre o dono, mas atinge o quarto decilo neste traço. Os Caniches normais e Miniatura partilham com o Shetland idênticas pontuações em agressão e em altos índices de treino de obediência, brincadeira e necessidade de afecto.

Peso: 8 quilos
Altura: 35 centímetros
Constituição: muito leve
Pêlo: comprido, pesado; grande queda sazonal
Cor: preto e cor de areia com branco ou castanho ou branco e castanho

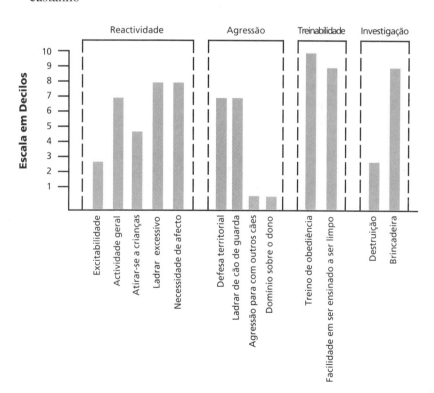

Pequinês

Em muitos aspectos, o Pequinês — pequeno, excessivamente reactivo e exigente em afecto — é o clássico lulu. Se já analisou os perfis de outras raças pequenas ou muito pequenas, já deve ter visto que a alta reactividade determina altos índices de excitabilidade, tendência para atirar-se a crianças e ladrar excessivo, em conjunto com uma forte necessidade de afecto. A maioria das raças pequenas têm uma alta agressão, se não para com os outros cães, pelos menos no que se relaciona com a resistência à autoridade do dono. Se quer um lulu e está preparado para resistir a estes traços que caracterizam o Pequinês, então ele poderá ser o cão ideal para si.

Note que o Pequinês tem uma baixa classificação nos traços de treinabilidade e é o quarto a contar de baixo em facilidade para ser ensinado a ser limpo. No entanto, a atenção superior que é necessária nesta área pode ser equilibrada pelo terceiro índice mais baixo de todas as raças em destruição. Mas a facilidade em ensinar um cão a ser limpo e a destruição são os traços menos previsíveis e, assim, não deixe que estes índices sejam o motivo determinante da sua escolha de uma raça. Ambos os traços são bastante fáceis de treinar e favoráveis à influência do meio. Finalmente, o Pequinês tem uma classificação média nos traços de ladrar de cão de guarda e em defesa territorial mas é alto em agressão para com os outros cães e em domínio sobre o dono. O Pequinês não será, pois, o ideal para o dono que quer um cão que se deixa levar.

Entre as raças pequenas que são um pouco idênticas nos perfis, o Boston Terrier e o Maltês têm maior classificação em treinabilidade e ainda se consideram bons protectores da casa, devido aos seus altos índices em ladrar de cão de guarda. A estas duas raças faltam os altos valores do Pequinês em agressão para com os outros cães e em domínio sobre o dono e são mais fortes em brincadeira e destruição. O Lhasa Apso e o Lulu da Pomerânia, que também são semelhantes ao Pequinês são mais fortes em destruição.

Peso: 4 quilos
Altura: 15 centímetros
Constituição: muito leve
Pêlo: comprido, profuso; queda anual
Cor: branco e castanho, fulvo, vermelho, preto

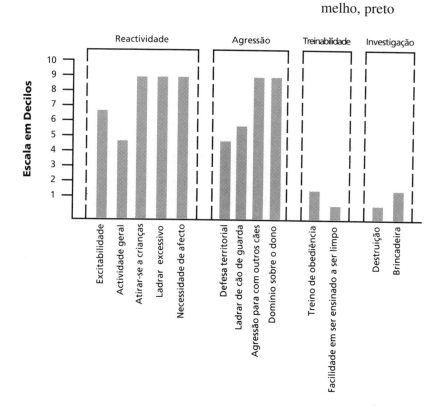

Perdigueiro Alemão

As formas aerodinâmicas do Perdigueiro Alemão dão ênfase ao excelente toque que contribuiu para o seu desenvolvimento como um extraordinária raça para a caça. No entanto, o perfil classificativo desta raça é bastante moderado, sugerindo que ela poderá servir facilmente para uma série de diferentes tipos de vida. Se analisar os perfis de comportamento de várias raças de desporto, verá que elas têm invariavelmente uma classificação mais alta do que a média em facilidade de treino, sobretudo em treino de obediência. Mas poderá ficar decepcionado se esperar isso do Perdigueiro Alemão porque, de todas as raças, ele encontra-se entre os valores médios e baixos. Por isso, com um Perdigueiro Alemão mesmo como animal de estimação, não deverá esperar a mesma resposta, ao levá-lo a uma escola de treino, do que a que obteria de um Golden Retriever ou de um Retriever do Labrador. Um outro problema que é possível ocorrer com esta raça é que poderá esperar que ela tenha um comportamento moderado, mas o seu alto índice em destruição pode vir a ser frustrante.

A seu favor, como possível membro da família, o Perdigueiro Alemão encontra-se abaixo da média em tendência para se atirar a crianças e está bem a meio da escala em necessidade de afecto. Este perdigueiro será atento mas não o seguirá a cada instante. Ao escolher uma fêmea poderá limar as arestas no treino de obediência e em facilidade em ser limpo, reduzindo o seu nível de actividade geral e destruição.

Ainda que o Perdigueiro Alemão seja o único perdigueiro que tem um perfil neste estudo, poderá querer considerar uma série de outros cães clássicos de desporto que estão dentro do mesmo tipo, como o Retriever do Labrador, o Vizsla, o Spaniel Breton, o Golden Retriever e o Retriever de Chesapeake Bay. Se quiser aumentar a agressão e a facilidade em treino mas reduzir a destruição, um Collie será possivelmente de considerar. O Golden Retriever e o Vizsla são duas raças com uma agressão mais baixa e o Pastor Australiano, o Collie, o Retriever do Labrador e o Golden Retriever têm índices mais altos em facilidade de treino.

Peso: 27 quilos
Altura: 60 centímetros
Constituição: média
Pêlo: curto
Cor: vermelho escuro ou vermelho escuro com branco

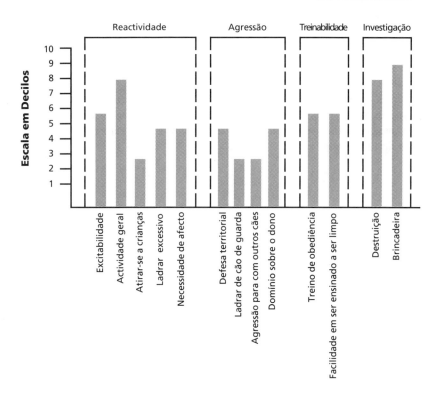

Pug

Fazendo parte das raças muito pequenas, é muito provável que o Pug seja moderado em toda a reactividade e que tenha uma baixa tendência para agressão. Para ver como é diferente de raças semelhantes, deite um olhar para os perfis de raças muito pequenas como o Terrier Silky, o Terrier de Yorkshire, o Caniche Toy e o Chihuahua.

Se procura uma raça relativamente calma, não reactiva, saiba que muitas outras ultrapassam o Pug e com traços agressivos mais baixos, embora sendo todas maiores. O caso notável do Pug é o seu pequeno tamanho ligado às suas moderadas pontuações em todos os traços de reactividade e agressão. Muitos donos do Pug poderão também ser atraídos pelo seu aspecto, que é tão específico para cães muito pequenos, como o seu perfil de comportamento.

Embora o Pug tenha os traços necessários para se coadunar com uma família, é das raças de classificação mais baixa em defesa territorial e razoavelmente baixa em ladrar de cão de guarda. O Pug não será uma raça a escolher, entre os cães muito pequenos, para contribuir para a defesa da casa.

Entre as raças alternativas, com perfis semelhantes, o Beagle conjuga-se bastante com o Pug na totalidade das pontuações, mas contém classificações extremas nos traços individuais. Se está interessado numa raça que seja a mais promissora para a defesa da família por cada quilo que pesa, mas que por outro lado tenha um perfil semelhante ao do Pug, considere o Dachshund, relembrando que esta raça tem uma série de tamanhos.

Peso: 7,5 quilos
Altura: 25 centímetros
Constituição: muito leve
Pêlo: curto, macio
Cor: fulvo, focinho escuro

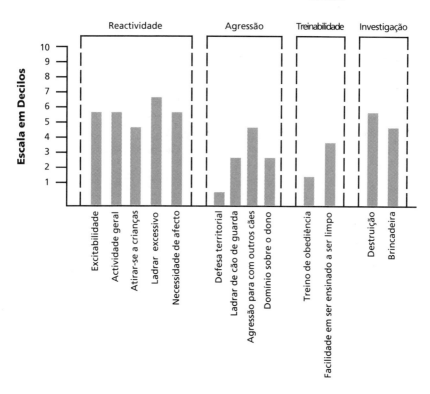

Retriever de Chesapeake Bay

O Retriever de Chesapeake Bay tem uma baixa classificação em toda a reactividade e a sua raça é considerada uma das mais preferidas pelas famílias devido às suas classificações em excitabilidade e ladrar que são das poucas que se encontram no fundo da escala. Pensa-se que deve ter havido um esforço concertado para produzir um cão com uma tão baixa reactividade mas tão cheio de afecto como o Retriever de Chesapeake Bay. O Chesapeake é uma versão modesta de um cão de guarda e defensor de território, ainda que seja bastante dócil em provas de domínio com o seu dono. O nível de agressão do Chesapeake aumentou moderadamente e um alto índice em treino de obediência completam esta casta.

O Chesapeake partilha com outros dois Retrievers, o Labrador e o Golden, de altos valores nos traços de treinabilidade, ligeiras tendências para o domínio e um valor pelo menos médio em traços agressivos (os outros são baixos). A classificação média em reactividade do Golden Retriever excede tanto a do Labrador como a do Chesapeake mas este excede o Golden em protecção à casa. A outra raça com um perfil muito parecido com o Chesapeake é a Collie. O Collie será uma escolha bem pensada para quem queira um cão de guarda, devido à sua baixa tendência para dominar o dono, em destruição e em necessidade de afecto, devido, aos seus moderados níveis em defesa territorial e em ladrar como cão de guarda, especialmente se prefere algo mais em reactividade do que a evidenciada pelo Chesapeake.

Peso: 32 quilos
Altura: 60 centímetros
Constituição: sólida
Pêlo: denso
Cor: castanho ou castanho dourado

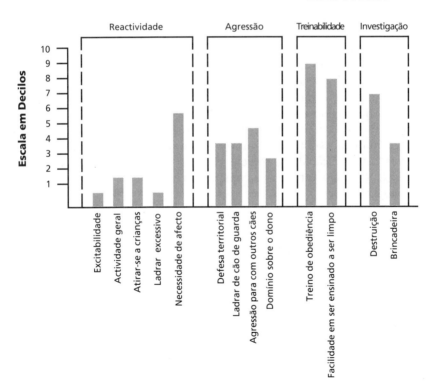

Retriever do Labrador

O Retriever do Labrador é o protótipo do cão de família com a sua moderadamente baixa reactividade e agressão mas com um alto índice em treino de obediência. Esta é um dos exemplos clássicos de uma raça com especial tendência para o trabalho no campo, mas que tem, no entanto, qualidades que o tornam um cão de família ideal.

Juntamente com a sua reputação como um bom cão para crianças, o Labrador classificou-se como o segundo mais baixo, de todas as raças, em relação ao rosnar a crianças, a sua única classificação extrema. Os seus outros valores em reactividade são baixos, com excepção para o seu índice médio em necessidade de afecto. Isto que significa que o Labrador prestará atenção às crianças e procurará afecto ainda que sob outros aspectos tenha um temperamento relativamente desprovido de reactividade.

Em agressão tem uma classificação ligeiramente mais alta no que diz respeito à defesa territorial do que na agressão para com os outros cães e pessoas. Poderá querer aumentar o potencial desta raça em defesa territorial ao escolher um macho. Esta agradável combinação de traços agressivos alicerça-se ainda nas suas altas classificações em treinos e em facilidade para aprender a ser limpo. Por último, ainda que tenha uma alta classificação em brincadeira é baixo em destruição.

O Labrador é um moderado entre os Retievers e pastores semelhantes. Se prefere este tipo geral de raça, o menos agressivo, tente o Vizsla ou Golden Retriever. Como cão de guarda mais eficiente o Collie é uma possibilidade. O Pastor Australiano foi classificado como o mais treinável cão desta espécie. Os nossos especialistas classificaram o Chesapeake e o Terra Nova como tendo uma menor excitabilidade do que o Labrador.

Peso: 33 quilos
Altura: 58 centímetros
Constituição: sólida
Pêlo: curto, denso
Cor: preto, amarelo, ou cor de chocolate

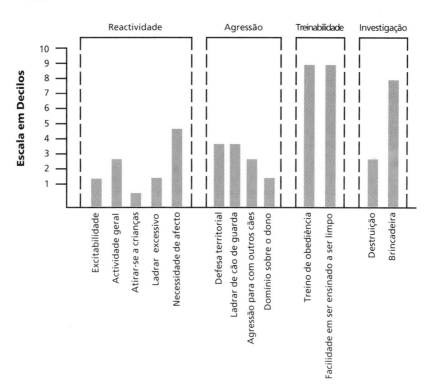

Rottweiler

O Rottweiler é um dos maiores e dos cães mais cotados como cães de guarda, sendo os outros o Akita, o Doberman Pinscher e o Pastor Alemão. Situando-se no decilo superior em traços agressivos, o Rottweiler encontra-se entre as poucas raças de topo em defesa territorial e em ladrar de cão de guarda. Ao contrário do Doberman e do Pastor tem um baixo índice em reactividade geral. Esta raça encontra-se particularmente entre as mais baixas em excitabilidade, ladrar excessivo e necessidade de afecto. Para mais contraste com o Pastor, o Rottweiler tem uma baixa classificação em destruição e brincadeira. O seu perfil é, na totalidade, mais parecido com o do Akita.

Uma vez que os cães de guarda estão tradicionalmente associados a quatro raças, facilmente analisará as diferenças individuais nos seus perfis antes de fazer a sua escolha. O Rottweiler situa-se nos decilos extremos de cinco traços, ao passo que as outras três raças se encontram num extremo ou noutro em quatro traços. Os índices muito altos do Rottweiler em defesa territorial e em ladrar de cão de guarda são os mais importantes para a protecção territorial. A natureza excessivamente treinável do Rottweiler torna-o bem merecedor da sua fama de óptimo cão de guarda.

Se usarmos a frequência de registos de raças como medidas para a sua popularidade, o Doberman e o Pastor encontram-se entre os mais populares, sendo o Rottweiler e o Akita menos vulgares. Só gostaríamos de saber se os índices extremamente baixos em reactividade — incluindo a necessidade de afecto e brincadeira — contribuem para a sua menor popularidade. Se está em vias de adquirir um Rottweiler mas necessita de um defensor territorial e quer que o cão se integre na família, ponha a hipótese de obter uma fêmea para aumentar a necessidade de afecto e talvez para tornar o domínio sobre o cão um pouco mais fácil.

Peso: 50 quilos
Altura: 65 centímetros
Constituição: muito leve
Pêlo: curto, em camadas; é aconsclhávcl escovar semanalmente
Cor: preto com cor de ferrugem

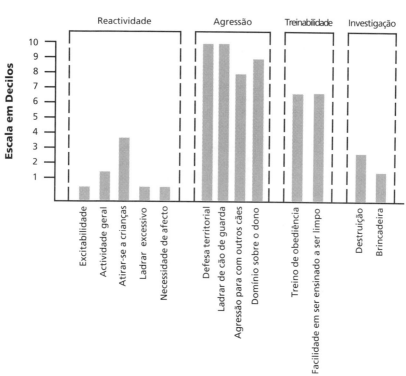

Sabujo

O Sabujo é um cão que nos dá a garantia de ser calmo e discreto em praticamente todas as ocasiões, e que é ainda submisso ao treino. Não interromperá festas com incessante ladrar, nem saltará para cima dos seus convidados e nem os morderá. De facto, o Sabujo encontra-se nas posições mais inferiores de todos os traços, com excepção para o treino de obediência e facilidade em aprender a ser limpo. Este registo incomparável sugere que a sua reputação de docilidade — por não atacar o criminoso que persegue, por exemplo — é bem fundamentada.

Sobre um certo número de características, os nossos especialistas foram unânimes em atribuir ao Sabujo as mais baixas classificações. Em reactividade foi das raças com a mais baixa pontuação tanto em excitabilidade como ladrar no excessivo, e ficou na segunda posição mais baixa em actividade geral. Em agressão foi das posições mais baixas no que respeita ao ladrar como cão de guarda e das segundas mais baixas em relação à defesa do território. E tanto em destruição como em brincadeira atingiu o índice mais baixo.

O perfil do Sabujo é único, mesmo quando comparado com outras raças que têm uma baixa pontuação em vários traços do comportamento. Ainda que, por exemplo, o Basset se aproxime deste por ter um número semelhante de valores extremamente baixos, não tem a moderada treinabilidade do Sabujo. Assim, se desejar sacrificar a pronta aceitação de treino, o Buldogue Inglês é uma outra raça a considerar.

Devido às suas baixas pontuações em agressão e em tendência para se atirar a crianças, o Sabujo parece ser um bom candidato a cão para crianças. No entanto, outras raças há que são igualmente seguras para estar com crianças, como o Golden Retriever e o Pastor Australiano e que podem ser mais adequadas porque têm mais necessidade de afecto e são mais brincalhonas. O Sabujo também se poderá tornar demasiado grande para algumas famílias para quem um cão letárgico seria, por outro lado, ideal. Uma outra desvantagem é a sua baixa pontuação como cão de guarda.

Peso: 40 quilos
Altura: 65 centímetros
Constituição: forte
Pêlo: curto
Cor: preto e castanho, vermelho e castanho ou fulvo

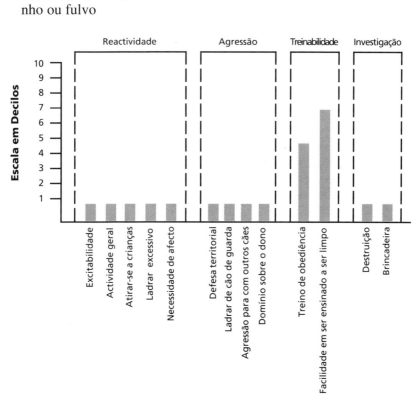

Samoiedo

O Samoiedo está no grupo dos cães-esquimó juntamente com o Malamute do Alasca e com o Husky da Sibéria que manifestam baixa reactividade, alta agressão e baixa treinabilidade. As três raças também se encontram abaixo da média em necessidade de afecto e em brincadeira, e têm um alto índice em destruição. Todos os três são mais fortes do que a média em guarda do território, mas o Samoiedo classifica-se mais alto do que os outros em ladrar de cão de guarda; o Malamute e o Husky situam-se apenas no segundo decilo deste traço. Talvez que o ladrar de cão de guarda do Samoiedo, o mais pronunciado de todos os cães-esquimó, se relacione com o seu passado histórico de guardador de renas.

Para quem se preocupa com a tendência destes cães para exercer domínio sobre o dono, o Samoiedo, ao classificar-se no sétimo decilo neste traço, é uma melhor escolha do que o Husky, que se encontra no nono decilo. No entanto, dada a robustez do Samoiedo, o seu baixo nível em treino de obediência, e a sua alta tendência para a destruição, esta raça é melhor para um dono que deseje fazer um treino sistemático de obediência.

Proporcionando-lhe um bom espaço ao ar livre poderá ajudar a evitar o problema da destruição. Por outro lado, a baixa reactivadade desta raça sugere que tolerará até um pequeno apartamento durante uma parte do dia. O seu passado e de outros cães-esquimó certamente que se desenrolou nas geladas terras nórdicas, e por isso mesmo eles preferem estar expostos ao clima rigoroso. Qualquer cão, ou pessoa, se adapta, por isso, melhor ao exercício ao ar livre. Particularmente para o Samoiedo e para as outras raças esquimó, parece que a companhia de cães é mais importante do que o contacto humano. O baixo índice do Samoiedo em necessidade de afecto e o alto nível em agressão para com outros cães tem a ver com o facto de estar predisposto para dar mais atenção aos cães do que às pessoas.

Se prefere um cão-esquimó com menor reactividade especialmente em ladrar excessivo, poderá considerar o Malamute do Alasca que tem um baixo nível neste traço. É interessante que o Malamute e o Husky sejam fortes em defesa territorial mas fracos em ladrar de cão de guarda. Ao comparar o Samoiedo com o Husky verá que o Husky tem uma alta cotação em agressão para com os outros cães, domínio sobre o dono e destruição. Como com todos os cães-esquimó, escolher uma fêmea pode reduzir a força dos traços agressivos e aumentar a aceitação do treino de obediência.

Peso: 25 quilos
Altura: 55 centímetros
Constituição: sólida
Pêlo: espesso, são aconselháveis cuidados regulares; grande queda anual; virtualmente sem cheiro quando seco
Cor: branco

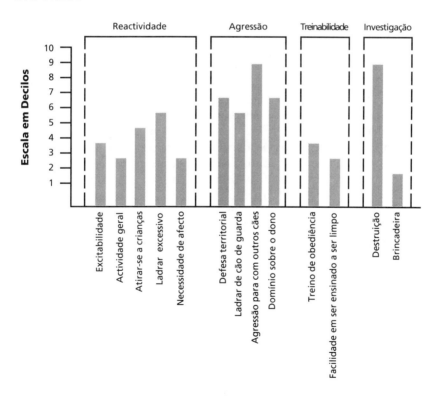

São Bernardo

Sem dúvida que o que faz render-se imediatamente ao São Bernardo é simplesmente o seu tamanho. Como que por necessidade, o impacte desta raça é um pouco equilibrado pela sua reactividade geral muito baixa. O São Bernardo segue, de facto, a regra geral de que, quanto maior é a raça, mais baixa é a reactividade.

Excepto para o seu índice muito baixo em ladrar de cão de guarda, o São Bernardo tem traços agressivos altos, particularmente em defesa territorial e na tendência para exercer domínio sobre o dono. Poderá vir a ter alguns confrontos de domínio, mas pode confiar na boa protecção desta raça à casa. Certamente que o seu tamanho e o alto índice em defesa territorial resultam numa combinação que impressiona.

Se sabe apreciar o desafio que é o treinar em obediência um cão que poderá ser maior que você, considere o São Bernardo que se classifica do baixo ao moderado em treino de obediência. Dado o seu tamanho o baixo nível de destruição do São Bernardo é bem vindo. O seu nível extremamente baixo em brincadeira pode ser um transtorno se esperava encontrar um companheiro folgazão.

A lendária missão do São Bernardo como portador de bebidas alcoólicas para o viajante perdido na neve não deve continuar incontestável. Este aparente altruísmo parece não condizer muito com a baixa necessidade de afecto do São Bernardo e com a sua apenas moderada classificação em treino de obediência. A cena de um viajante meio--congelado, bloqueado pela neve, comodamente instalado no fofo aquecimento do pêlo do São Bernardo e a ser reanimado por *brandy* é quase sedutora de mais para que se tente desmistificá-la.

Uma outra raça grande, o Grand Danois, tem um perfil bastante semelhante ao do São Bernardo. O Danois situa-se um pouco mais baixo em atirar-se a crianças e em domínio sobre o dono e mais alto em ladrar de cão de guarda e em treino de obediência, mas só o último é notavelmente diferente. Se gostar de outras hipóteses com perfis semelhantes, os cães-esquimó — especialmente o Malamute do Alasca — andam perto, mas lembre-se dos seus altos índices de destruição.

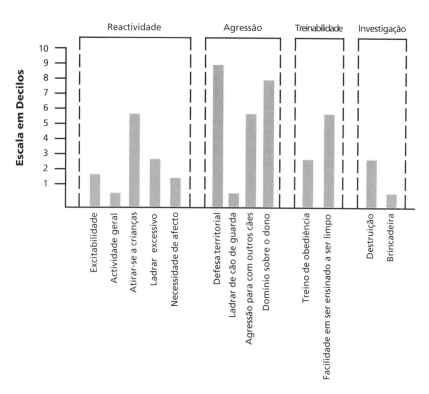

Peso: 75 quilos
Altura: 70 centímetros
Constituição: Maciça
Pêlo: comprido ou curto, denso; cai muito
Cor: branco com vermelho, ou malhado

Schnauzer (Miniatura)

O Schnauzer Miniatura encontra-se entre as raças mais populares em termos de frequência de registo no A. K. C.. O seu atractivo encontra-se sem dúvida no focinho engraçado, no corpo pequenote e cheio de vida, como indicam os seus altos níveis de excitabilidade e actividade geral. O Miniatura distingue-se por ter índices extremos em várias escalas. O nossos especialistas classificaram esta raça dentro das cinco mais altas em nove dos treze traços básicos de comportamento, mas o Schnauzer classificou-se entre as poucas raças de topo em cada um dos traços agressivos, e foi a raça que de todas teve classificação superior no ladrar de cão de guarda e agressão para com outros cães. Em reactividade, o Schnauzer foi classificado entre as poucas raças de topo em todos os traços exceptuando a necessidade de afecto. Classificou-se em terceiro lugar a partir de cima em brincadeira. Provavelmente saberá sempre quando há um Schnauzer por perto.

O Schnauzer situa-se a meio da escala em treino de obediência e é forte em destruição. A partir do perfil do Schnauzer é fácil compreender que este Terrier foi criado na Alemanha para ser um bom caçador de ratazanas. Não podemos, em consciência, recomendar o Schnauzer Miniatura como cão de família ou para crianças. Ainda o facto de ele ser bem sucedido naquela capacidade testemunha a importância da precoce formação em treino de obediência e de comportamento que pode ajudar a moldar o comportamento de um cão adulto.

Um outro Terrier temperamental, mais idêntico ao Schnauzer, é o Terrier Branco do West Higland. Das duas raças, o Schnauzer é mais treinável e brincalhão e menos destruidor. Para os que apreciam a raça Toy, o Terrier Silky é menos agressivo do que o Schnauzer, menos destruidor e, sem dúvida, significativamente mais pequeno.

Peso: 7 quilos
Altura: 32,5 centímetros
Constituição: muito leve
Pêlo: tipo arame, ligeira queda, são desejáveis cuidados regulares
Cor: preto, sal e pimenta

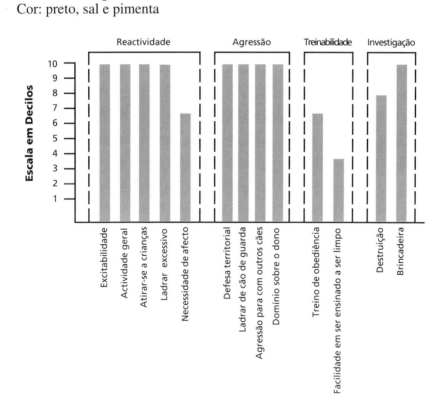

Setter Irlandês

O Setter Irlandês, de todas as raças a mais brincalhona, é um companheiro sempre pronto para entrar em acção. Também, como poucas raças, encontra-se no topo da actividade geral, sendo de longe mais vivo do que os outros cães do mesmo tamanho. A sua reactividade encontra-se normalmente em raças mais pequenas mas, comparado com cães como os Terriers e os Spaniels, o Setter é manifestamente mais baixo em agressão e mais receptivo ao treino. Muitas pessoas consideram atractiva a sua cor de ferrugem e o seu longo pêlo franjado, como penas, assim como o seu temperamento exuberante. E, apesar da alta reactividade e brincadeira, o Setter tem uma baixa tendência para rosnar a crianças. Note, contudo, que tem um alto índice de destruição.

Se gosta do perfil geral do Setter, mas está interessado numa raça com mais facilidade de treino, preste atenção ao Spaniel Saltador Inglês, descrito mais à frente. Se precisa de mais do que da baixa agressão do Setter, o Boston Terrier tem uma classificação média nestes traços e alta em ladrar de cão de guarda. Os nossos especialistas deram ao Setter e ao Boston Terrier classificações semelhantes em reactividade, facilidade de treino e brincadeira. Finalmente, se está fascinado pela brincadeira do Setter mas não consegue suportar a sua, ainda que moderada, destruição, utilize estes dois traços para comparar o Golden Retriever, o Caniche, o Pastor de Shetland e o Vizsla.

Peso: 30 quilos
Altura: 65 centímetros
Constituição: média
Pêlo: comprido, tipo «penas»; são aconselháveis cuidados regulares
Cor: cor de mogno

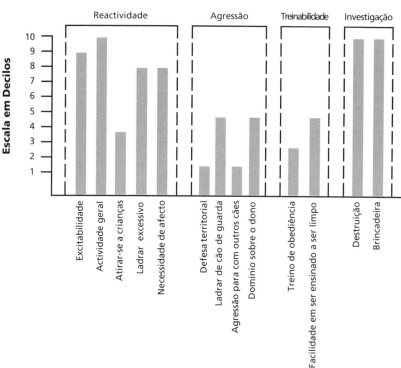

Shih Tzu

O nome Shih Tzu, que significa pequeno leão em chinês, deve referir-se ao desempenho desta raça como um bom cão de guarda mais do que à sua total agressão, porque ele situa-se abaixo da média nos vários traços agressivos. Tanto o seu nome como o seu ladrar são maiores do que a sua dentada. De facto, o que há de notável acerca desta raça tão pequena é que, embora a sua reactividade seja inevitavelmente alta, os dois traços mais questionáveis que lhe estão relacionados — atirar-se a crianças e ladrar excessivo — são apenas médios. Também a seu favor, o Shih Tzu é satisfatoriamente alto em treinabilidade. O perfil do pequeno leão chega quase a ser uma réplica do do Pastor de Shetland como não acontece com qualquer outra raça pequena.

Muitas raças tão pequenas têm uma alta classificação na tendência para atirar-se a crianças, ladrar excessivo, domínio sobre o dono e destruição. Talvez a característica mais atractiva do Shih Tzu é que ele é apenas médio nestes quatro traços, que algumas vezes provocam perturbações. Quando comparado com outros cães igualmente pequenos, o Shih Tzu parece ser relativamente dócil.

O Caniche Toy está cotado um pouco mais alto do que o Shih Tzu em toda a reactividade e agressão. O pequenino Bichon Frise é uma versão menos agressiva do Shih Tzu.

Peso: 5,5 quilos
Altura: 22 centímetros
Constituição: muito leve
Pêlo: comprido, espesso; são aconselháveis cuidados regulares
Cor: várias

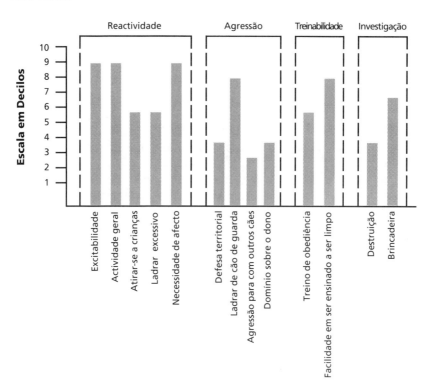

Spaniel Breton

O Spaniel Breton, como todos os Spaniels em geral, sobressai pelos seus baixos traços de agressão. Esta raça encontra-se entre as cinco mais baixas em defesa territorial, agressão para com os outros cães e na tendência para exercer domínio sobre o dono. Ainda mais, tem um alto índice em treino de obediência e baixo para se atirar a crianças. Um tal conjunto de traços é muitas vezes ambicionado por famílias com crianças pequenas ou por adultos que preferem que o seu domínio não seja posto em causa pelos cães.

O Spaniel Breton tem traços menos reactivos do que o Cocker Spaniel. O Breton é também acentuadamente mais baixo em tendência para se atirar a crianças e na necessidade de afecto. Também tem menos tendência do que o Coker para querer exercer domínio sobre o dono mas tem mais para o treino de obediência. O Spaniel Saltador Inglês é mais reactivo do que o Breton, com uma grande ncessidade de afecto e com uma tendência muito baixa para se atirar a crianças. O Saltador, como o Breton tem um nível de agressão bastante baixo, mas é mais forte em ladrar como cão de guarda, se esta é uma das suas prioridades importantes. Os índices mais alto em brincadeira e em destruição do Saltador são um complemento para a sua geralmente maior reactividade comparado com o Breton que é mais calmo e sossegado.

Quando comparado com outras duas raças semelhantes que são muitas vezes sugeridas para as famílias, o Pastor Australiano e o Golden Retriever, pode ver-se que faltam ao Breton os altos índices daquele em necessidade de afecto e em brincadeira. O Pastor Australiano ou o Collie retêm muitas das características do perfil do Breton mas têm uma maior classificação nos dois traços principais que se relacionam com a protecção da propriedade: defesa territorial e o ladrar do cão de guarda. Como uma possível desvantagem proveniente da escolha de um Breton os nossos especialistas definiram-no como sendo muito mais fraco em protecção à casa do que a maioria das outras raças. Uma outra raça muito parecida com a do Breton, mas com um mais alto índice de brincadeira e mais baixo em destruição é o Vizsla.

Peso: 16 quilos
Altura: 48 centímetros
Constituição: leve
Pêlo: ondulado
Cor: branco e cor de laranja

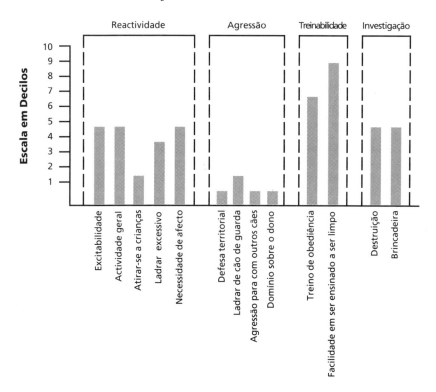

Spaniel Saltador Inglês

O Spaniel Saltador Inglês rivaliza com o Cocker por ser dos Spaniels o mais popular. Estas duas raças pertilham um nível extremamente alto em necessidade de afecto o que contribui para serem famosos como cães afectivos e dedicados. Como um cão de família, o Saltador será mais seguro devido ao seu nível mais baixo do que o do Cocker em atirar-se a crianças e em domínio sobre o dono.

Como o Breton, o Spaniel Saltador Inglês tem uma baixa classificação em toda a agressão, mas atinge um nível mais alto no ladrar como cão de guarda do que o Breton ou o Cocker, se procura protecção para a casa. A reactividade do Saltador tal como a do Cocker, é alta. O Saltador é de todas as raças a segunda mais brincalhona e tem uma alta classificação em treino de obediência. Com estes valores, tem muito do que as pessoas mais querem para um cão de família, especialmente se procuram uma raça bastante viva. No entanto, o seu nível acima da média em destruição é um traço com que se deverá acautelar.

Se gostar de um cão muito pequeno e conseguir viver com a reactividade mais alta dos cães mais pequenos, lembre-se de que existem o Spaniel Toy, o Maltês. Mas um cão pequeno com um perfil mais semelhante ao do Saltador é o Bichon Frise, descrito anteriormente. Tenha em atenção, no entanto, o seu nível mais alto em relação à tendência para atirar-se às crianças.

Se está francamente interessado nesta raça, averigue a sua manifesta idiopatia ou comportamento agressivo anormal que toma a forma de indesejáveis ataques traiçoeiros a pessoas. Esta característica parece ser uma aberração genética que pode ser localizada através da revisão da linhagem do animal.

Peso: 22,5 quilos
Altura: 50 centímetros
Constituição: média
Pêlo: comprido, macio; cuidados regulares
Cor: combinação de branco com vermelho escuro ou preto, possíveis marcas castanhas

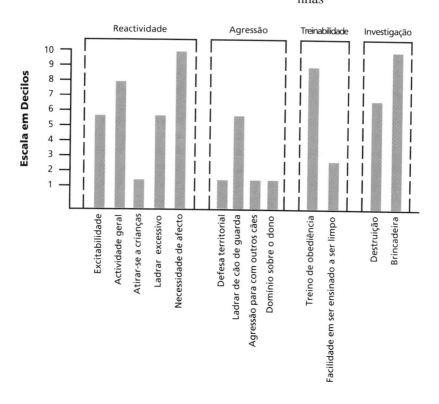

Terra Nova

Algumas pessoas são atraídas pela ideia de possuirem um cão enorme que pareça ser uma grande ameaça mas que lá por dentro tem um coração de manteiga. Se é uma dessa pessoas, descobrirá que o Terra Nova está mais perto desta ideia do que qualquer outra raça. Nenhuma outra tem a combinação do Terra Nova em baixa reactividade e agressão com um tão alto índice de treinabilidade. Tanto o Grand Danois como o São Bernardo, por exemplo, têm uma classificação muito mais alta em agressão.

O Terra Nova é um cão calmo. Onde tem classificações altas é mesmo naqueles traços que fazem dele um cão de família. O seu índice de necessidade de afecto é um ardente 6, ainda que por outro lado se situe como uma das quatro raças mais baixas em todos os outros traços da reactividade. Porque o índice do Terra Nova em necessidade de afecto é muito mais alto do que o dos outros traços, esta característica tem sido, provavelmente, seleccionada especificamente na sua criação. Uma alta necessidade de afecto foi considerada como um traço desejável no Terra para a sua histórica missão de guarda e salvador de crianças.

Note que o Terra Nova é forte em treino de obediência e mais ainda em facilidade em ser ensinado a ser limpo. Será um prazer lidar com esta raça enorme e conseguir que ela responda inteligentemente às suas ordens. Também o recomenda como cão de família, o facto de ser extremamente baixo em destruição. Para a protecção da casa tem de confiar mais no seu tamanho ameaçador do que no seu valor como cão de guarda — o Terra Nova é de todos o segundo mais baixo em ladrar como cão de guarda. Tem uma classificação um pouco mais alta em defesa territorial que poderá ser realçada se optar por um macho.

Se hesitar perante os 65 quilos do Terra Nova, existem outras raças que têm o mesmo perfil. Obterá o perfil do Elkhound da Noruega se empurrar todos os índices do Terra para o médio. Geralmente, as raças mais pequenas são um pouco mais reactivas. Outras raças idênticas que são particularmente baixas em agressão são o Spaniel Breton, o Vizsla e o Golden Retriever.

Peso: 65 quilos
Altura: 70 centímetros
Constituição: pesada
Pêlo: denso; em camadas; são aconselháveis cuidados regulares; grande queda sazonal
Cor: preto, branco e preto

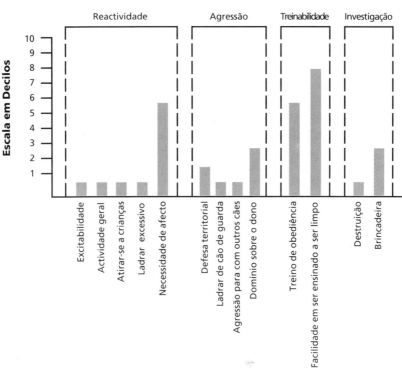

Terrier Branco do West Highland

Adeptos do Terrier Branco do West Highland apreciam provavelmente o seu aspecto diferente e a sua tendência para a brincadeira. Como parece acontecer com todos os Terriers, pode contar-se que o 'Westie' seja bastante vivo. De facto, esta raça é uma das mais reactivas que encontra. Os nossos especialistas classificaram-na em número um em actividade geral, em número dois em excitabilidade, e entre as poucas raças de topo no ladrar excessivo e tendência para atirar-se a crianças. O Terrier Branco do West Highland aparece mesmo atrás do Schnauzer Miniatura por bater o recorde com a sua classificação extremamente alta na maioria dos traços. Volte ao perfil do Schnauzer Miniatura, que o pode surpreender com as suas semelhanças. Certos comentários que lá se encontram acerca do Schnauzer, aplicar-se-ão, por isso, igualmente ao 'Westie'.

Encontrando-se entre as poucas raças de topo em ladrar de cão de guarda e em agressão para com os outros cães, o 'Westie' também tem uma alta classificação em traços agressivos. Os futuros donos devem tomar atenção ao pontencial desafio desta raça, devido aos seus altos níveis de destruição e de domínio sobre o dono combinados com a baixa treinabilidade. Sessões de treino e de obediência com o 'Westie' podem muito bem desafiar a ingenuidade e a paciência de donos que não sejam muito firmes acerca de cães.

Pode esperar que o Terrier Branco do West Hingland o sirva bem em protecção à casa, que pode ser razão suficiente para o considerar como um animal de estimação. Lembre-se, no entanto, que algumas boas raças de cães de guarda e de defensores territoriais aparecem com menor agressão para cães e donos e com menor reactividade. Poderá querer percorrer novamente os gráficos sobre o cão de guarda e a defesa territorial da 2.ª Parte

Se gosta da personalidade do 'Westie' tal ela é, pode querer verificar o Fox Terrier. A primeira diferença entre estas raças é a mais baixa necessidade de afecto do Fox Terrier e um pouco mais de treino de obediência. Se está mesmo à procura de um bocadinho mais de treino de obediência, tente o Schnauzer Miniatura. E se a forte agressão do 'Westie' o preocupa, o pequenino Terrier Silky tem apenas uma agressão moderadamente alta e um índice médio em treino de obediência. Lembre-se novamente de que a agressão destes pequenos cães pode ser um aborrecimento mas que faltam as possíveis consequências sérias que podem acorrer com as raças maiores.

Peso: 7,5 quilos
Altura: 27,5 centímetros
Constituição: muito leve
Pêlo: espesso, duro, em camadas; são aconselháveis cuidados regulares; queda ligeira
Cor: branco

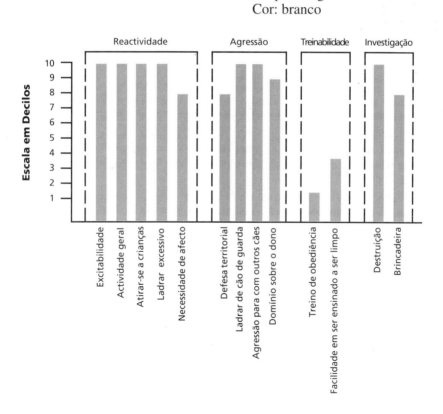

Terrier Cairn

Muitos Terriers foram criados para a caça, e ainda que já não sejam usados para tal, persistem interiormente traços de caçador. O Terrier Cairn era treinado para ser eficaz na perseguição às lontras e para as fazer sair dos seus pequenos esconderijos. Assim, os Cairns tinham de ser activos e agressivos e precisavam de ladrar muito. Note que o Cairn tem uma alta classificação — a quinta a partir de cima — em ladrar excessivo.

As lontras são brincalhonas. Se os Cairns também tinham de ser brincalhões para as caçarem eficazmente, não se consegue saber, mas o Cairn é o quarto a partir de cima em brincadeira. Considerando a sua história e o seu tamanho, este Terrier tem um perfil de comportamento relativamente moderado. Alguns futuros donos podem achar que as altas classificações do Cairn nos traços reactivos e agressivos são demasiado fortes, mas muitos outros Terriers têm índices maiores.

Se prefere especialmente os Terriers pequenos, deve esperar que eles tenham um perfil vivo. As raças pequenas têm tendência para terem uma alta classificação em reactividade e a maioria dos Terriers (excepto o Yorkie) também têm um alto valor em agressão. A treinabilidade dos Terriers vai apenas do baixo ao médio, com excepção para o Pêlo de Arame que é maior em tamanho e classificação. Considerando tudo, o Cairn é um dos Terriers mais moderados, assim como o Silky. Se a sua preferência não vai exactamente para os Terriers mas para cães muito pequenos e os prefere com mais facilidade em treino e com uma baixa agressão, existem mais possibilidades com o Shih Tzu, Bichon Frise ou com o Caniche Toy.

As personalidades vivas das raças pequenas são muito estimadas pelos seus donos. São uma boa companhia para quem vive só. Se tem um tipo de vida calmo, estável e está normalmente em casa, poderá encontrar uma versão mais calma e mais dócil do Cairn, que esteja perfeita para si. Fazendo um balanço e de acordo com as classificações, o Cairn é um dos Terriers mais dóceis.

Peso: 7 quilos
Altura: 25 centímetros
Constituição: muito leve
Pêlo: Áspero, profuso, curto; ligeira queda
Cor: trigueiro, castanho ou grisalho

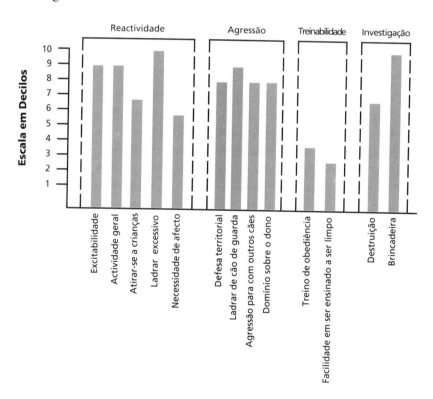

Terrier Escocês

É fácil de ver como o Terrier Escocês tem tantos adeptos, devido à sua forma atrevida e personalidade enérgica. O Escocês é um dos Terriers notáveis, ao classificar-se nos decilos superiores de cinco traços agressivos e de reactividade. Apesar de ter uma classificação alta em excitabilidade e em atirar-se a crianças, ele é um pouco baixo em necessidade de afecto e é apenas moderadamente alto em actividade geral e ladrar excessivo sendo por isso moderada toda a classificação em reactividade, para um cão tão pequeno.

O Escocês é um cão de topo no exercício de domínio sobre o dono, uma classificação que sugere a razão pela qual deve ter alcançado a sua reputação de temperamento independente. Este cão não é para pessoas que queiram um animal dócil ou que não desejem ser firmes. Felizmente que o Escocês é pequeno e, por isso, tem menos capacidade para causar ferimentos ou danos do que teria um cão com a mesma classificação. E ainda que não seja brilhante em treino de obediência, está longe de ser a raça com menor classificação e, assim, fazer um esforço constante em treino de obediência poderá ser produtivo.

Com a sua grande tendência para se atirar, o Escocês não é, de certeza, uma raça para crianças. Nem a sua aparentemente alta tendência para a destruição, a sua classificação extrema em agressão para com outros cães o tornam recomendável como cão de família modelar. Poderá esperar que o Escocês faça tentativas extraordinárias como protector da propriedade, mas o seu pequeno tamanho é um risco. E em relação à sua alta agressão para com os outros cães, seria bom saber se o famoso rótulo de *Whisky* escocês *Black and White* não teria sido antes desenhado em vez de fotografado quando se descobriu que o Escocês não poderia ter tirado fotografia com outro cão.

Pode adorar Terriers mas poderá ter ficado agora intimidado pelo perfil dos Escoceses. Se tal aconteceu, o Terrier Silky e o Terrier Cairn são menos agressivos e destruidores e mais treináveis do que o Escocês. O Terrier de Yorkshire é tanbém moderado em agressão, mas ainda é mais alto em ladrar de cão de guarda, se isso constitui uma prioridade para si.

Peso: 9 quilos
Altura: 25 centímetros
Constituição: leve
Pêlo: espesso, tipo arame; ligeira queda; são aconselháveis cuidados regulares, uso de tosquia profissional
Cor: preto ou manchado

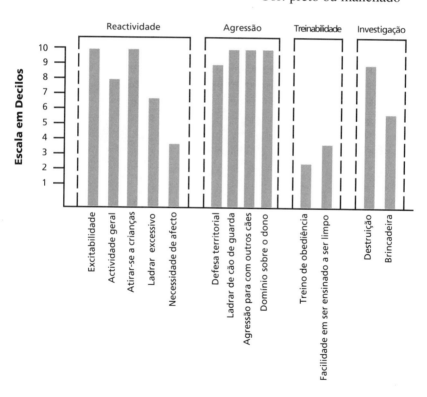

Terrier Pêlo de Arame

O Terrier Pêlo de Arame, embora seja um cão razoavelmente grande, pode ser classificado dentro do grupo dos cães pequenos a muito pequenos, muitos deles também Terriers. Se privilegia os vivos e fogosos Terriers mas quer um com longas pernas para correr consigo velozmente através dos campos, tome em consideração um Pêlo de Arame. Como é típico dos Terriers, o Pêlo de Arame tem traços de agressividade muito altos mas é bastante moderado em reactividade. Aquelas pessoas que adoram os Terriers, mas que no entanto se querem manter afastadas dos seus extremos em reactividade, incluindo o ladrar excessivo, podem achar ideal o Pêlo de Arame.

Raramente encontra um Terrier — qualquer que seja a sua raça — com uma baixa tendência para morder e que seja facilmente dominado. Se a sua família for suficientemente firme com um Pêlo de Arame, ele parecerá ser óptimo como protector da casa e como companheiro para a brincadeira. O Pêlo de Arame encontra-se, como poucos de todas as raças, no topo da destruição e da brincadeira, numa posição mais alta do que a que é característica para os outros Terriers. É um dos poucos Terriers que apenas se classificam modestamente na necessidade de afecto, não sendo de esperar que o Pêlo de Arame o incomode com exigências de atenção, ainda que seja uma das raças mais brincalhonas.

Peso: 22,5 quilos
Altura: 57 centímetros
Constituição: média
Pêlo: tipo arame, curto, cai pouco com cuidados regulares; tosquia profissional
Cor: castanho e preto

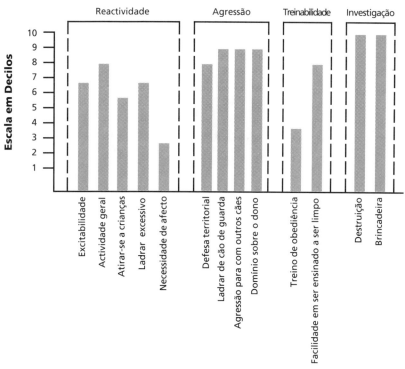

Terrier Silky

Se gostar de um cão muito pequeno que seja moderadamente treinável, o Terrier Silky pode ser ideal. Ainda que seja considerado um «toy», o seu perfil é típico dos Terriers, com uma alta classificação em reactividade e é uma das poucas raças de índice superior em excitabilidade e actividade geral. No entanto, o seu nível de agressão é apenas modestamente alto, e tem um forte médio em treino de obediência.

As pontuações consideravelmente moderadas do Silky em tendência para exercer domínio sobre o dono e em treino de obediência, ligadas ao seu pequeno tamanho que torna as transgressões agressivas controláveis, sugerem que o Silky pode passar muito bem por cão de família. É necessário chamar à atenção as crianças pequenas, uma vez que o Silky tem uma alta tendência para se atirar a crianças. E lembre-se de que a sua tendência para ladrar excessivamente pode ser incomodativa.

O Silky caracteriza-se por ser alto em traços agressivos e médio em traços de treinabilidade. O Terrier de Yorkshire, que também é um «toy», tem uma correspondência muito próxima com o Silky em reactividade e em traços agressivos. O Boston Terrier, através de todo o quadro classificativo de todos os traços de comportamento, talvez se ajuste mais, mas é no entanto um cão maior.

Peso: 4 quilos
Altura: 22,5 centímetros
Constituição: frágil
Pêlo: sedoso, brilhante, comprido; ligeira queda
Cor: azulado com castanho

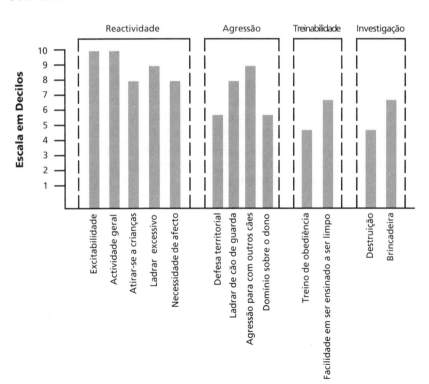

Terrier de Yorkshire

O Terrier de Yorkshire é uma bola de fogo dentro de um invólucro minúsculo, um cão diminuto que sobressai em reactividade. O «Yorkie» encontra-se entre as poucas raças de classificação superior em excitabilidade, tendência para atirar-se a crianças, e ladrar excessivo. Para um cão tão pequeno como este ter obtido pontuações tão altas é porque as deve ter merecido de verdade. Uma limitada aptidão para os traços de treinabilidade faz parte do conjunto.

Há uma certa coincidência entre as várias raças Toy e os Terriers e, assim, será melhor rever as suas semelhanças e diferenças e relembrar que o aspecto e o pêlo podem ser muitas vezes a primeira — ou até mesmo a única — das diferentes características existentes entre algumas raças. Nesta área, faz muitas vezes sentido acabar por escolher a partir da sua pequena lista de hipóteses tendo por base o aspecto ou o tamanho.

O perfil do «Yorkie» sobrepõe-se muito ao de um cão maior, o Terrier Branco do West Highland. O Yorkie tem uma classificação mais baixa nos traços agressivos, excepto em ladrar de cão de guarda. A escolha entre estas duas raças é muito provavelmentge feita na base da característica obviamente mais diferente, o tamanho. Um cão que pesa três quilos como o «Yorkie» sabe confundi-lo com o seu pequeno tamanho, o que faz dele o clássico lulu.

O Terrier Silky é uma outra raça Toy com um perfil semelhante ao do «Yorkie», mas tem uma classificação mais alta em traços de treinabilidade. Se a alta destruição e brincadeira do «Yorkie» constituem problema para si, o Chihuahua é uma outra raça muito pequena que tem um baixa classificação nestes traços mas é mais forte nas características agressivas.

Peso: 3 quilos
Altura: 20 centímetros
Constituição: frágil
Pêlo: sedoso, comprido; são aconselháveis cuidados regulares; queda ligeira
Cor: azulado com castanho

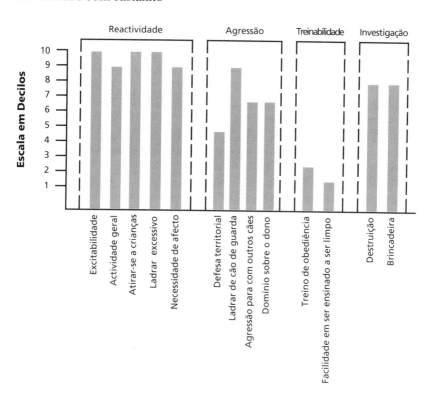

Vizsla

Talvez gostasse de um cão que fosse completamente inofensivo — mas que pareça fazer algum dano a um estranho. A menos que já conheça bem o Vizsla, reconhecerá que ele impressiona como defensor de território ou cão de guarda, mas não se pode contar que ele desempenhe tão bem essa tarefa como os outros, de acordo com os nossos especialistas. Talvez que o que há de mais notável acerca do perfil do Vizsla seja toda a sua baixa agressão. Situa-se no quinto lugar mais baixo em ladrar de cão de guarda. Evidentemente, que são de esperar problemas mínimos com o Vizsla em termos de agressão para com os outros cães e em relação a pessoas em provas de domínio. Esta raça, que não tem qualquer aspecto de cão de caça, foi realmente criada na Hungria para descobrir e recuperar os pássaros caçados nas montanhas e na água.

Juntamente com os seus baixos índices em traços agressivos, o Vizsla tem uma série de traços altos que as famílias desejam encontrar num cão. Classifica-se como altamente receptivo ao treino e é moderadamente reactivo, com um baixo índice na tendência para atirar-se a crianças. O Vizsla combina agradavelmente um alto índice de brincadeira com baixa destruição. A razão por que não foi considerado como uma raça de família deve-se talvez à sua forma esguia e ao pêlo curto que não sugerem o terno companheiro das crianças como os mais populares cães de família.

O Vizsla encontra-se entre os cães treináveis, não agressivos, calmos, preferidos muitas vezes pelas famílias. Compare o seu perfil com o do semelhante Golden Retriever. Um Pastor Australiano, um Retriever de Chesapeak Bay ou um Collie podem provavelmente desempenhar tão bem o papel de cão de guarda como o Vizsla, mas não são tão altos em domínio de modo a constituirem um desafio maior.

Peso: 30 quilos
Altura: 57,5 centímetros
Constituição: média
Pêlo: curto, macio
Cor: amarelo dourado

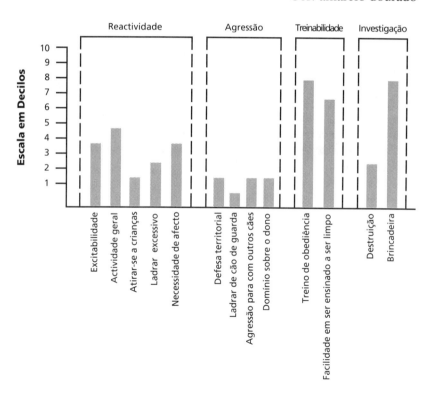

Weimaraner

Uma maneira de seleccionar tantas classificações das características de comportamento é considerar uma raça que seja moderada em praticamente todas as características, como o Weimaraner. Apenas com uma excepção, ele situa-se entre o terceiro e sétimo decilo em todos os traços.

O perfil moderado do Weimaraner é único para um cão do seu tamanho. Encontra-se normalmente o seu perfil em cães mais pequenos, mas o Weimaraner pode ser mais adequado a romper através dos campos consigo do que o Maltês ou o Lulu da Pomerânia. Outros cães com perfis semelhantes são algumas das raças pequenas e o Setter Irlandês.

A única excepção no de certo modo moderado perfil do Weimaraner é o seu alto índice de destruição. Evitar simplesmente as oportunidades para a destruição talvez seja a solução para este problema. Também, porque a destruição é um dos traços menos previsíveis, o ambiente poderá influenciar consideravelmente este comportamento.

Quando comparado com o outro cão apenas semelhante em tamanho moderado, o Setter Irlandês, o Weimaraner é menos reactivo, menos brincalhão, e mais agressivo, o que significa ser mais moderado em cada caso. Com classificação tão moderadas, aproveite a oportunidade para aumentar ou reduzir certas características tirando vantagem das diferenças sexuais de comportamento. Pode querer aumentar a tendência em necessidade de afecto ou em aceitação de treino de obediência, ou reduzir a tendência para lutar com outros cães ao escolher uma fêmea, ou talvez desenvolver a aptidão para a defesa territorial ao escolher um macho.

Peso: 34 quilos
Altura: 65 centímetros
Constituição: Sólido
Pêlo: macio
Cor: cinzento

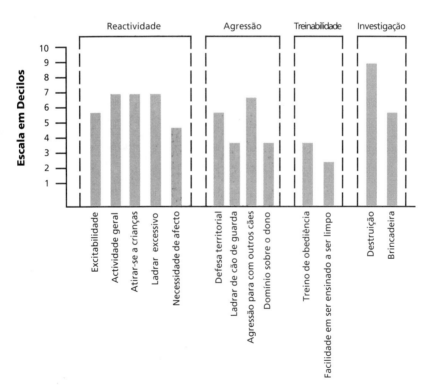

ÍNDICE

Prefácio 9

1.ª Parte
COMO SABER O QUE PROCURAR NUM CÃO 11

Capítulo I Como usar este livro para escolher o seu cão 13

Capítulo II O processo de aquisição: a escolha do cão adequado ao seu ambiente 19

Capítulo III Diferenças entre machos e fêmeas 29

Capítulo IV Criar um cão 35

2.ª Parte
CLASSIFICAÇÃO DE RAÇAS SEGUNDO TREZE CARACTERÍSTICAS BÁSICAS 43

3.ª Parte
PERFIS DAS 56 MAIS POPULARES RAÇAS DE CÃES 77

Impressão e acabamento
da
CASAGRAF - Artes Gráficas Unipessoal, Lda.
para
EDIÇÕES 70, LDA.
Novembro de 2001